The 1st step to marketing analysis

1からの
マーケティング
分析

恩藏直人
冨田健司 編著

第2版

発行所：碩学舎
発売元：中央経済社

序　文

　「回帰分析」「ｔ検定」「有意水準」。これら３つの用語をご存知だろうか。もし言葉を聞いたことがあるだけにとどまらず、内容についても理解している人であるならば、本書をもはや読む必要はないだろう。分析手法や統計知識について、本書で想定している到達水準をクリアしている人だからだ。しかし、これからマーケティング分析や基礎的な統計知識について学びたいと考えている人にとって、本書はもっともわかりやすく、身近に感じながら読み進めてもらえる一冊となっている。

◈分析との出会い

　マーケティングに関する新聞記事や書籍を読んでいると、数値を目にすることが多い。たとえば、企業の売上高や市場シェアなどだ。各社の決算が公表されると、売上高の伸びや市場シェアの変化などが新聞記事になる。多くの記事は、高等学校までに学ぶ平均値の考え方や調査手法についての知識があれば読み進められる。しかし、回帰分析の結果や因子分析の結果を示した書籍に直面することもある。このような時、マーケティング分析の知識を有する人とそうでない人とでは、書籍の理解度において大きな違いが生まれてしまう。

　もちろんマーケティング関連だけではなく、内閣支持率や出生率なども数値によって説明されている。われわれの生活において、数値は情報を伝達する上で極めて重要な役割を果たしているのだ。記事や書籍を読んでいて分析結果が出てきたら、「わかりにくいから飛ばそう」ではなく「数値なので把握しやすい」と感じるようになってほしい。本書で学ぶことによって、単に数値に親しみを感じるようになるだけではなく、統計分析の結果を進んで受け入れられるようになるはずである。

◈テキストの革新

　マーケティング研究に携わって40年になるが、マーケティング・テキストの革新が進んでいる。マーケティングを学ぶためのテキストは、以前から多数存在していた。しかしながら、読みやすさ、体系性、網羅性、事例の親近感などからみて、我が国のテキストは必ずしも十分ではなかったように思う。特に入門書の充実という点で、我が国のテキストは海外に大きく遅れていた。もちろん、世界的に支持さ

れているテキストの翻訳本もあるが、マーケティングをはじめて学ぶ者にとっては、あまり馴染みのない海外企業の事例ばかりで、臨場感に欠けていたという点は否めない。

　我が国発ともいうべき、日本企業の事例を数多く盛り込んだ優れたマーケティングの初級テキストが、次々に刊行されているのは誠に喜ばしいことである。本書『1からのマーケティング分析』も、マーケティング分析をはじめて学ぶ学生に向けられたテキストであり、執筆陣が学生時代に「こんなテキストがあったらよかった」という視点でまとめられている。読み手の視点をできる限り尊重し、読みやすさと使いやすさを最大限に重視した。もちろん、多くの学生が「マーケティング分析」の面白さを感じ取り、学習効率を高めることのできるよう工夫されている。

❖広告における魅力的なモデル

　マーケティング分析を実施すると、さまざまな事柄の結びつきや関係について理解を深めることができる。そこで皆さんに関心を持ってもらえそうな1つの事例を紹介してみよう。

　上戸彩、綾瀬はるか、新垣結衣など、魅力的なモデル（タレント）を起用したテレビ広告は少なくない。外見的に魅力のあるモデルを起用すると、人々の注目が集まり、自社商品に好ましいイメージを付与できると考えられてきたからだ。しかし、アメリカの大学生を対象とした分析結果によると、モデルが有する外見的魅力の効果は、商品カテゴリーや人々の情報処理水準によって異なり、必ずしもプラスではないという。それは、使い捨て剃刀とコンピュータ・プロセッサの広告におけるモデルの効果についての分析によって明らかにされた。

　使い捨て剃刀はモデルの外見的な魅力が移転しやすく、コンピュータ・プロセッサは移転しにくいと考えられる商品カテゴリーである。広告の中で登場するモデルの魅力度については、あらかじめ外見的な魅力について調査を実施し、外見的魅力の高いモデルと平均的なモデルを選んでおく。また、被験者を2つのグループに分けて、一方のグループには広告の時間を測定してもらい、彼らの意識を広告そのものから幾分そらすことで情報処理水準を低下させた。

　情報処理水準の低いグループでは、いずれの商品においても、外見的な魅力の高いモデルを起用することにより、平均的なモデルで広告をするより商品への好ましい態度が得られている（1％水準で有意）。しかし情報処理水準の高いグループでは、使い捨て剃刀においては外見的魅力の高いモデルが好ましい態度へと結びつい

ていたが、コンピュータ・プロセッサでは外見的魅力の高いモデルで広告を行うと、平均的な外見のモデルよりも商品に対する態度が低下してしまっている（分散分析を実施）。

　つまり、広告における外見的な魅力のあるモデルの効果は、商品カテゴリーや人々の情報処理水準によって異なるのである。外見的な魅力の高いモデルがネガティブな効果を有することがあるならば、企業は自社の商品やターゲットをもっと詳しく知り、起用するモデルの適切性について慎重に吟味しなければならない。

　以上の結果は、「分散分析」という分析手法を用い、「１％水準で有意」な差が数値で確認されたことから導かれている。本書をしっかりと学ぶことにより、数値を「１％水準で有意」といったような統計的な意味づけとともに理解できるようになり、また「分散分析」などの分析手法も習得できるようになる。つまり、マーケティングの実践で役立つスキルが効率よく身につくように工夫されているのである。

❖本書の構成と謝辞

　本書は４部15章で構成されている。第Ⅰ部「マーケティング分析の概要」では、マーケティング分析の全体像や楽しさについて述べた。第Ⅱ部「データの集計」では、グラフや平均など分析の第一ステップについてまとめている。第Ⅲ部「マーケティング分析の方法」では、相関分析や回帰分析など主要な５つの分析手法を取り上げた。第Ⅳ部「発展編」では、高度な分析手法と質問票の作成について解説した。第１章から第15章までを学ぶことで、マーケティング分析の全体像を把握できるとともに、具体的な分析手法についても理解できるようになっている。

　マーケティング研究や消費者行動研究に関心を有する者が、調査方法や統計手法について学ぼうとしたならば、どうしてもこれまでは統計書に頼らざるを得なかった。ところが統計書の場合、まさに統計値の解説や分析手法の解説に主眼が置かれていたため、そうした統計値や分析手法をどのようにマーケティング研究や消費者行動研究に応用すべきかについてはほとんど論じられていなかった。そのため、利用局面については、読者なりにイメージを膨らませながら、読み進めるしかなかった。しかし本書では、いずれの章もマーケティング研究者や消費者行動研究者によって執筆されており、統計分析手法の「開発者側」ではなく統計分析手法の「利用者側」の視点が貫かれている。

　各章の最後には「考えてみよう」という設問が用意されており、各章について学んだあと、個人やグループで設問について取り組めるようになっている。各章には

Columnもついているので、関連知識を簡潔に理解できるようになっている。従来からの統計書をより優れたものにしようというのではなく、まったく新しい視点や発想でまとめ上げられた書である。

　最後となったが、本書の出版を企画してくれた碩学舎の皆様、本書の章立てや内容についての取りまとめ役をしてくれた冨田健司先生（同志社大学）、竹村正明先生（明治大学）、そして水越康介先生（東京都立大学）に対して、執筆者一同に代わりお礼を申し上げたい。私は常に、「優れたテキストは、その学問を発展させる」と考えている。本書により、我が国のマーケティング研究や消費者行動研究の発展に少しでも貢献できたならば幸いである。

　2022年1月

早稲田大学商学学術院教授

恩藏　直人

CONTENTS

第Ⅱ部 データの集計

第6章　平均と標準偏差 ——————————————— 83

第Ⅲ部　マーケティング分析の方法

第7章　相関分析 ——————————————————— 103

第Ⅳ部　発 展 編

第 I 部

マーケティング分析の概要

第1章

第2章

第3章

第4章

第5章

第6章

第7章

第8章

第9章

第10章

第11章

第12章

第13章

第14章

第15章

第 1 章

マーケティング分析の楽しさ

1 はじめに

　ファミリーレストランに入った際、テーブルに「お客様の声カード」といった紙が置いてあるのを目にしたことはないだろうか。それには、その店のサービスなどについて顧客が意見を書き込めるようになっている。「接客に満足されましたか」という質問に５段階で答えるようになっていたり、「ご意見があればご記入ください」と空欄が設けられたりしていることもある。

　「調査にご協力いただけませんか」。街頭やショッピングセンターなどで、調査員に声をかけられた経験がある人もいるだろう。複数の飲料のサンプルが用意されていて、味の良し悪しについて聞かれたり、複数のパッケージデザインを見せられ、それぞれの印象を聞かれたりしたかもしれない。

　また、インターネット上で、インターネット調査のモニター募集の広告を見たことはないだろうか。すでに登録している人もいるだろう。登録すると、調査への回答を依頼する電子メールが届き、さまざまな製品やサービスに対するアンケートに答えることになる。

　これらは、いずれも「マーケティング分析」の一断面である。このような活動で収集された情報は、企業内でマーケティングの視点から分析され、製品・サービスの開発や改良、価格の変更、広告の制作などに利用されている。マーケティングにかかわる意思決定をするための重要な情報源なのである。

　この章では、マーケティング分析とは何かを理解していく。そして、企業ではどのように利用されているか、マーケティング・マネジメントとどう関係しているかを学ぼう。最後に、マーケティング分析がなぜ重要なのかにも触れる。

　さあ、まずマーケティング分析がどのように実施されているのか、アスクルの事例を見ていこう。

2 アスクル「業務用ポリエチレンラップ」の開発

　2020年８月、通販サービスを手掛けるアスクル株式会社は、オカモト株式会社と共同開発した業務用ポリエチレンラップ「環境思い」（**写真１−１**）を発売した。

【写真1−1　オカモト「環境思い」業務用ポリエチレンラップ30cm×150m】

写真提供：アスクル株式会社

　「ラップ」と言われると、食物を包んだり、料理の入った皿に蓋をしたりと、食材や料理の保存のためにキッチンで使っている情景を思い浮かべるだろう。しかし、ラップにもいろいろな用途がある。エステサロンでは、肌の保湿や成分の浸透のために、歯科医院では、機器に血が飛散するのを防止するために使われている。

　この「環境思い」のターゲットは、美容室である。美容室では、カラー剤やパーマ剤を髪に浸透させるときにラップを使う。この製品の主な特長は2つ。第1に、長尺であること。業務用ラップの長さは50mもしくは100mが一般的だが、この製品は150mもある。第2に、パッケージが美容室にもなじむ洗練されたデザインであること。紫地に白の模様が施されている。

　では、なぜアスクルは、このような製品を開発したのだろうか。その背景には、次のようなマーケティング分析があった。アスクルには、日頃の取引から、どの顧客が何を購入したかがわかる購買データが蓄積されている。ラップの購買データの分析から得られたのは、多くの理美容室・ヘアサロンが、ポリエチレン製のラップを購入していたことである（図1−1）。実は、ラップの素材には、ポリエチレンだけでなく、ポリ塩化ビニール、ポリ塩化ビニリデンもある。例えば、家庭用のラップは、電子レンジで使うことを想定しているので、耐熱性の高いポリ塩化ビニリデンが使われている。「環境思い」の素材であるポリエチレンの特長は、他の素材に比べて、くっつきにくいこと。したがって、美容室では、くっつきにくいラッ

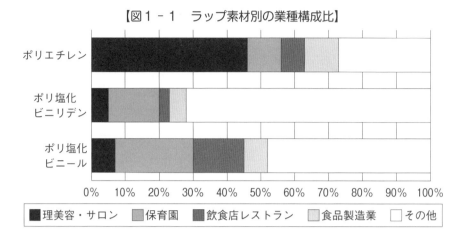

【図1‐1　ラップ素材別の業種構成比】

プにニーズがあると予測できた。

　次に、美容室への訪問調査やWEBアンケートなどの調査から、いくつかの発見があった。まず、美容室では、パーマをする際、髪にパーマ剤を浸透させるためにラップを使うが、その作業時にラップが重なってくっつくと作業効率が著しく落ちる。したがって、くっつきにくいポリエチレンラップを購入しているということである。

　さらに、ラップの使用頻度が高いので、使い切って新しいラップとの交換が面倒だと思っていることや、美容室の在庫の保管場所は狭いので、たくさんの個数を在庫しておけないことがわかった。そうしたニーズを満たすために、150mの長尺にしたのである。

　加えて、美容室では、ラップにカバーを巻いたり、ラップケースを使ったりしてることがわかった。なぜなら、一般のラップのパッケージデザインは美容室の雰囲気に合わないし、家庭用であることが顧客にわかってしまうとプロっぽく見えないということも理由だった。そこで、デンマークのデザイナーに依頼し、美容室の使用シーンに合っていて、かつ美容室以外での使用にも違和感がないデザインとした。同時に、ポリエチレン製であることはわかるように、そして汚れが目立ちにくいデザインを追求した。

　このように、アスクルは、ラップの製品開発のために、マーケティング分析を効果的に活用したのである。

　2021年6月現在、売上は発売以来右肩上がりである。コロナ禍で美容の需要そ

Column 1 - 1

新しいマーケティング調査

　マーケティング分析の手法は、日進月歩である。これまで調査できなかったことが、新しい機器の開発によって可能になっている。ここでは、新しいタイプのマーケティング調査手法を3つほど紹介しよう。

　アイ・トラッキング調査は、消費者の目の動きを追跡する調査である。少し大きめのサングラスのような機器や据え置き型の機器がある。この機器は、対象の人の視線を捉えるカメラがついている。これを使って、消費者が店舗で買い物をするときに、商品棚のどの部分を見ているのかを調べることができる。それがわかれば、効果的な陳列をすることができる。また、消費者が広告物を目の前にしたときに、どの部分をどのくらいの時間見ているかを調べることもできる。これにより、効果的な屋外広告やWEBデザインを制作することができる。

【写真1 - 2　アイ・トラッキング調査】

トビー・テクノロジー・ジャパン株式会社　提供

　脳科学の知見を応用したニューロマーケティング調査も利用されている。fMRI（機能的磁気共鳴画像法）やEEG（エレクトロエンセファログラフ）といった装置を使って脳波を計測することにより、潜在意識を探ることができる。例えば、被験者をfMRI中に入れて、ある広告を流し、どのシーンを見ている時に「心地よい」と感じたかを脳波から突き止める。それがわかれば、「心地よい」と感じるシーンを長くするなど、効果的な広告映像を制作することができる。

　テキストマイニングは、文章を対象としたデータ解析手法のことである。文章を単語や文節で区切り、それらの出現頻度や出現傾向などを解析することで有用

な情報を取り出すことができる。例えば、化粧品会社の顧客相談窓口に寄せられる質問や意見をテキストマイニングすると、「しっとり」という単語と「不快」という単語が一緒の文章に登場する頻度が高いことがわかるなど、製品改善のヒントを得ることができる。この手法は、顧客へのアンケートの自由記述の部分や、電子掲示板やメーリングリストなどでも利用可能である。

のものが減少している状況下、かなり健闘している。また、美容室は、コロナ禍の影響で、営業パーソンからの購買よりもインターネットからの購買を増やす傾向が見えているので、アスクルは、この「環境思い」を戦略製品と位置づけている。

3 マーケティング分析とは

　ファミリーレストランのアンケートや街頭調査、WEB調査など、マーケティング分析にはさまざまな形態があるが、いずれもマーケティングにかかわる意思決定に利用されている。アスクルが実施している各種調査も、製品開発だけでなく、プロモーション戦略の策定や改善、価格戦略などにも活用されている。このように、マーケティング分析とは、「マーケティングにかかわる意思決定のために必要な情報を生み出すプロセス」である。このプロセスの具体的な手順については、第2章で詳しく説明するので、本章では、生み出された情報がどのように利用されるのかに触れておこう。

　マーケティング分析によって導かれた情報は、いずれもマーケティングにかかわる意思決定に使われるが、その利用方法を分類すると、**図1－2**に示すように大きく4つに分けられる。

　第1は、経営環境の把握のための利用である。マーケティング・マネジメントの最初のステップは、経営環境の把握である。マーケティング分析によって得られた情報から、マクロ環境の変化や市場動向、競合他社の動きなどを理解し、SWOT分析といった手法を使ってマーケティングの機会や問題を識別する。

　具体的には、**図1－3**に記したようなマーケティング分析が実施されている。例えば、消費者のライフスタイルを理解するための「ライフスタイル分析」、製品やサービスに対する顧客のニーズを把握するための「ニーズ探索調査」などである。

　第2の利用方法は、マーケティング政策の策定のためである。経営環境を把握し

【図1-2　情報の利用方法】

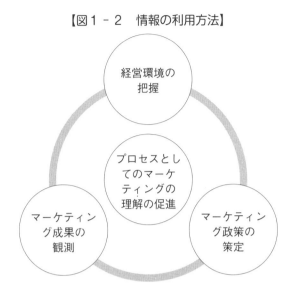

【図1-3　マーケティング・マネジメントとマーケティング分析】

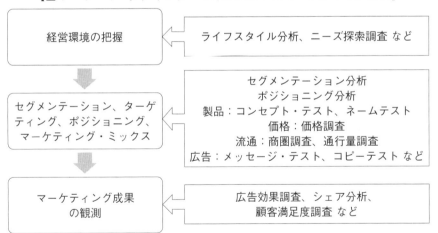

　た次のステップでは、セグメンテーション・ターゲティング・ポジショニング、そしてマーケティング・ミックスを決定する。それらの決定においても、マーケティング分析で得られた情報を使う。

　例えば、セグメンテーションを行う際は、「セグメンテーション分析」を実施する。消費者への質問票調査から消費者をいくつかのグループに分類するのである。

　また、自社製品のポジショニングを決める際には、競合他社との差異を消費者がどのように認識しているかを理解することができる「ポジショニング分析」を実施する。

　マーケティング・ミックスの決定に関しては、例えば、製品・サービスのコンセプトが顧客に受け入れられるかを調査する「コンセプト・テスト」や広告のメッセージが消費者に伝わるかどうかを調べる「メッセージ・テスト」などを実施することがある。

　第3は、マーケティング成果の観測である。実施されたマーケティング戦略がうまくいったのかどうかを把握するのにも、マーケティング分析は利用される。

　例えば、総合的なマーケティング成果を知るために、「顧客満足度調査」を実施したり、個別の施策の成果を知るために「広告効果調査」を実施したりする。

　最後に、もう1つだけ情報の利用方法を加えておこう。第1から第3までは、「経営環境の把握」「計画の策定」「成果の観測」というマーケティング・マネジメントのサイクルを形成している。第4の利用方法は、そのサイクルを継続的に把握することによって、それらの傾向を知るためである。時間の経過に伴って変化していくプロセスとしてのマーケティングの理解を促進するためである。

4 マーケティング分析の重要性

　優れたマーケティングを行っている企業は、マーケティングにかかわる意思決定の際に、さまざまなマーケティング分析を実施している。しかし、一方でマーケティング分析をほとんど実施しない企業もある。このような違いはどうして起こるのだろうか。その理由の1つは、ビジネスへの考え方の違いである。

　企業ごとにビジネスへの考え方は異なるが、表1-1のように、大きく3つに分類することができる。それらは、製品志向、販売志向、マーケティング志向である。

　製品志向とは、企業経営において、特徴ある製品の提供を中心に据えることである。製品志向の企業は、新しい技術に敏感で、より「良い製品」を作ることに注力する。製品の品質は、顧客よりも企業の方がよくわかっていると思っているので、ここで言う「良い製品」とは企業側が信じる良い製品のことである。研究開発部門や生産部門が大きな権限を持ち、社長が技術者出身という場合が多い。

　製品志向の企業では、マーケティング分析はほとんど実施されない。なぜなら、

【表1-1　ビジネスの考え方】

	製品志向	販売志向	マーケティング志向
起　点	生産現場	既存製品	顧客ニーズ
視　点	自社から市場へ	自社から市場へ	市場から自社へ
対処法	製品改良	販売とプロモーション	統合型マーケティング
志　向	職人的	戦術的	戦略的
目　標	自己満足	顧客獲得	顧客満足
問題点	視野が狭くなる	短期志向に陥る	社会全体の幸福を見落とす

消費者の声など聞く必要はないと思っているからである。開発担当者の独創的な発想から画期的な製品を開発することもあるが、顧客のニーズとまったく離れてしまうこともある。企業の信じる「良い製品」が、顧客にとっては「使いにくい製品」という場合である。例えば、電気製品に新たな機能を加えたものの、誰もその機能を使わないというような状態である。

　次に販売志向とは、既存製品の販売力を経営の中心に据えることである。販売志向の企業は、製品そのものよりも販売方法に注目し、広告や販売促進活動に熱心である。新規顧客の開拓や販売ノルマの達成を重んじる。社内では、営業部門の声が大きな影響力を持つ。

　販売志向の企業でも、マーケティング分析は、あまり重視されない。まず、日々の売上に注力するあまり、長期的な戦略を立てなかったり、先を見据えた投資が疎かになったりするので、マーケティング分析を活用する場面が少ないことである。また、マーケティング分析の結果よりも、営業担当者の経験値の方が影響力を持っているからである。

　これらに対して、マーケティング志向は顧客ニーズを経営の中心に据える。マーケティング志向の企業は、企業側が信じる良い製品を提供するのではなく、顧客が求める製品を提供することに注力する。したがって、あらゆるマーケティング活動は、マーケティング分析から始まる。そして、顧客満足の実現のために、販売にとどまらず、あらゆるマーケティング活動が統合管理される。これらのさまざまな場面で、マーケティング分析が利用される。

　これら3つのビジネスの考え方のうち、どれが最も優れているかは、一概には言えない。製品志向で成功している企業も、販売志向で成功している企業もある。た

Column 1 - 2

定量調査と定性調査

　マーケティングの意思決定に必要な情報を得るための調査には、大きく２つのタイプがある。定量調査と定性調査である。定量調査とは、数値すなわち量的な情報を使った調査で、定性調査とは、言語や映像などの質的な情報を使った調査である。

　定量調査は、結果が数値で示されるので明快であり、調査結果を使って他者を説得するのに多用される。あらかじめ持っている仮説を検証するときによく使われる。典型例は、アンケートなどで収集したデータを統計手法によって分析する方法である。

　例えば、花王では、新製品を発売する前に、必ず実施する定量調査があるという。被験者に新製品の試作品を提示して、購入意向を確認する調査である。一定の割合の人が購入したいと答えれば、発売することができるが、一定水準に達しなければ、考え直しということになる。調査方法や質問項目、さらには質問の文章まで確立された定量調査なので、新製品の開発チームは、この結果を受け入れざるを得ない。このハードルをクリアするまで、何度も検討が続くことになる。

　一方、定性調査は、インタビューで顧客から聞いた内容を分析したり、顧客の行動を観察して得た情報を解釈したりする。したがって、新たな視点を発見したり、深い心理を理解したりするのに向いている。典型例は、フォーカスグループインタビューである。複数の人に集まってもらって、インタビュアーの司会のもと、調査したい特定のテーマに関して会話をしてもらう。そして、その会話から新製品のヒントを得たり、競合製品との差を理解したりする。

　ユニチャームのおむつの製品開発では、定性調査がよく活用されている。１つの理由は、おむつを使う赤ちゃんは、アンケートに答えてくれないからである。試作品を赤ちゃんにつけて、あとは赤ちゃんの様子をじっくり観察する。赤ちゃんの動きや表情などから、製品の改善点を抽出していくのである。

　なお、本書は、主に定量調査を扱っている。

だ、市場が成熟し、製品での差別化が難しくなり、消費者が消費経験を積んで知識が豊富になってくると、顧客のニーズに合った製品しか売れなくなってくる。すなわち、マーケティング志向の企業の相対的強さが際立ってくるのである。したがって、多くの市場が成熟している日本では、マーケティング分析が成功のカギを握っ

ているのである。

5 おわりに

　本章を通して、マーケティング分析とはどのようなものかを理解することができ
ただろう。さらに第2章以降では、マーケティング分析の具体的な方法を学んでい
く。

　では、みなさんにマーケティング分析を学んでもらうのはなぜだろうか。マーケ
ティング部門で働きたいと思っている人へは、説明するまでもないだろう。マーケ
ティング部門の従業員にとって、マーケティング分析は必須の知識といえよう。

　一方、マーケティング部門で働くつもりのない人は、マーケティング分析を学ぶ
必要はないのだろうか。いや、そうではない。例えば、営業部門や顧客相談窓口は、
顧客の声を収集する役割を持っており、マーケティング分析活動に直接携わってい
る。製品やサービスの品質管理に携わる部門も、顧客の苦情から製品・サービスの
品質改善を実施しており、マーケティング分析の知識が必要である。

　人事や財務のようなマーケティングと一見関係の薄いように思われている部門で
も、マーケティング分析の知識は必要である。自ら実施することはできなくても、
その結果を正しく読み取る必要がある。なぜなら、マーケティング分析の結果に基
づいた意思決定は、企業のあらゆる部門の活動に関係してくるからである。人事部
門では、マーケティング戦略を考慮して、従業員の研修計画を立てたり、採用数や
採用基準を決めたりしている。したがって、マーケティング分析の結果を正しく読
み取っていないと、誤った人事政策を策定してしまうかもしれない。財務部門では、
価格に関するマーケティング分析の結果を見ながらマーケティング部門と協議する
場面もあるだろう。正しく理解していないと資金繰りの予測を見誤る可能性もある。

　このように、企業で活躍したいと思っているあらゆる人にとって、マーケティン
グ分析の知識は重要なのである。

　本書は、マーケティング分析をしっかりと習得できるよう4部構成にしている。
まず第Ⅰ部では、マーケティング分析の基本的な考え方を学んでいく。マーケティ
ング分析の手順や分析する問題の設定方法（仮説の設定）、それが正しいかどうか
を確かめる方法（検証）について見ていく。第Ⅱ部では、データの集計方法（サン
プリング、グラフ、平均と標準偏差）を吸収する。次に第Ⅲ部では、頻繁にマーケ

ティング分析で用いられる分析手法（相関分析、χ²検定、 t 検定、分散分析、回帰分析）を学習していく。これらの分析がわかれば、企業におけるマーケティング分析の議論に参加することができるだろう。そして第Ⅳ部では、高度な分析手法（因子分析、コンジョイント分析、共分散構造分析）に接する。マーケティング分析の専門家が行っていることを窺い知ることができるはずである。

　本書を読み終えた頃には、さまざまなマーケティング分析の手法を理解し、どのような時にどのような手法を用いるのかがわかるようになっているだろう。

❓考えてみよう

1．あなたの周りには、「はじめに」で示した事例以外に、どのようなマーケティング分析の活動があるかを考えてみよう。
2．あなたがチョコレートの新製品を開発する担当者であった場合、マーケティング戦略を策定するために、どのようなマーケティング分析を行うか考えてみよう。
3．マーケティング志向の企業を 1 社選び、その企業がどのようなマーケティング分析を行っているか調べてみよう。

参考文献

恩藏直人『マーケティング（第 2 版)』日本経済新聞出版、2019年
嶋口充輝・石井淳蔵・黒岩健一郎・水越康介『マーケティング優良企業の条件―創造的適応への挑戦』日本経済新聞出版、2008年

次に読んで欲しい本

マイケル・ルイス（著）、中山宥（訳）『マネー・ボール―奇跡のチームをつくった男』ランダムハウス講談社、2004年

第**2**章

マーケティング分析の手順

第1章
第2章
第3章
第4章
第5章
第6章
第7章
第8章
第9章
第10章
第11章
第12章
第13章
第14章
第15章

1 はじめに

　近年になってよく耳にするようになった言葉としてエビデンス（evidence）がある。日本語に対応させると証拠という意味になるが、ウェブ上で使われるときには、意見や主張を支持する原データをいう意味になっていることが多い（ソースを示せ、という言い方もある）。要するに、主張が書かれている場所を示せとか、そんなこと言った記録を出せ、という意味であるが、エビデンスであれソースであれ、その使い方は統計学に基づけば間違っている。

　まずエビデンスを事実という意味で使いたければ間違いではないので、そのまま安心して使い続ければいい。たとえば、怪我したとき、エビデンスとして傷口を見せれば、確かにその怪我が起こったことを納得できるだろう。

　しかし自分の主張や意見を支えるエビデンスという意味であれば、その 1 つの証拠だけでは不十分なのである。なぜなら、それは例外的に適合したのかもしれないからである。この場合は、自分ひとりの意見ではなく、それ以外の多くの人々が同じ意見を表明しているという蓄積した記録が必要なのである。そしてそれこそが、統計的な意味でのエビデンスなのである。だから、ウェブ上でエビデンスを出せと言われた場合、1 つだけ証拠や事実を出しても、それは説得度を高めるわけではないのだ。そういう意味で、その使い方は間違いなのである。エビデンスは、繰り返し観察できなければならないのだ。

　では、そんな間違いを避けるために、われわれはどんな準備をしなければならないかを考えるのが、この章の課題である。それは、なぜそれが繰り返し起こるのかを問うことである。それは（理論）仮説と呼ばれる。仮説とは、このような現象が起こるのは、こういう原因が、このように影響しているからだ、という因果関係の推論のことである。ここではその因果関係のつくり方を考えよう。

2 データを集める理由

　まずここでは、エビデンスは繰り返し観察できなければ効力がないことを確認しよう。ということは、繰り返し観察するとは何をすればいいのかが、次の作業課題

である。それは、記録やデータをたくさん集めるということである。記録とは保存した情報のことである。保存とは、石や紙や磁気といった媒体（メディア）に書き込んで、長い間すぐに見られるようになっていることである。情報というのは、このメディアに書き込まれた文字や数字のことであるが、情報はそれを使って、何か起こったことを出来事として伝えるのである。

　データも記録と同じで、保存された情報のことである。違いとしては、データは処理がしやすい記録と考えればよいだろう。処理がしやすいというのは、決まった型になっている（定式化しているという）とか、数字である（四則演算が使える）とかである。

　ここまで、エビデンスをつくるため、記録やデータをたくさん集めることが最初の作業であることを確認した（以下では、記録やデータという言い方は長くなるので、データだけで代用する）。次は、たくさん集めるとは何かである。データをたくさん集めるとエビデンスになるのである。エビデンスとは何だったかは、先の定義に戻って確認しよう。自分の意見や主張を支える証拠であった。データは何度も何度も繰り返し観察されると、それが起こりやすいということで、説得度が高まるのである。そのデータをエビデンスとして用いると、自分の言いたいこと、主張の品質は格段に高まるだろう。

　たとえば、こんなアルバイトのシーンを考えてみよう。あなたは今、ある小売店で仕事をしている。仕事にも慣れてきて、ある種のノウハウも得た。仕事が面白くなってきている時期である。そんなある日、あなたは経験から、雨の日にはトニックウォーターがよく売れることを発見した。このとき店舗の業績拡大を願うあなたは上司に「明日雨が降るから、トニックウォーターをたくさん仕入れましょう」と進言するだろう。いったい何が起こるだろうか。

　上司は「なんでだ？」と訊ねるはずである。ではあなたはどうするだろうか。説明する必要がある。そのとき、あなたが持っている確信は何だろうか。それは、雨が降る日にはほとんど確実に、という雨とトニックウォーターの関係の強さである。関係の強さとは、多くの場合に、という条件で示される。たとえば、雨が降った日が20日間あって、そのうち19日間でトニックウォーターが、晴れの日よりも明らかに多く売れているというデータは、関係の強さを示している。「雨の日＝トニックウォーター」という関係は、「晴れの日＝トニックウォーター」よりもはるかに強いのである。そのとき、上司はきっとなるほどと納得するに違いない。あなたは、雨の日にトニックウォーターがよく売れるというエビデンスを示せたことになる。

　ただ、エビデンスを示すだけではデータの分析としては不十分である。そこには、なぜそうなっているのか、という理由（これが仮説）が必要だからである。「そういう理由があるから」雨の日にはトニックウォーターが、晴れの日よりも売れるのだ、という仮説である。そしてそれこそがデータ分析である。以下では、データ分析を主にやっている職業の人々が、どんなデータを集めているかをみて、仮説をどうつくるのか考えよう。

❖ 学者のデータ分析

　データを分析する代表は学者である。学者は研究のためにデータを分析する。研究というと少し限定的な対象を想像してしまうので、学者のリサーチと言おう。リサーチの目的は、何か新しい知識をつくりだすことである。新しい知識は、新しい現象であったり、新しい技術であったり、新しい説明を発見することからつくりだされる。

　新しい何かを発見する方法は、たくさんあるのだが、決め手になるのは好奇心である。何か新しいことがあるぞ、これは今の自分の知識ではわからないぞ、きっとこれはこれまでにないおもしろいことだ、こういった好奇心がリサーチの駆動力となる。学者はその好奇心を駆使して、新しい現象に挑むのである。

　学者がどうやってデータを使うか、繰り返しと仮説を中心にみていこう。学者であればそのデータを次のように集める。まず、何かの試薬をつくる装置を考えよう。新しい装置には新しい試薬のつくり方が導入されている。そうすると、その装置の性能を測るためにデータを集める（**写真2−1**）。

　このとき、新しい装置と同時に、古い装置や別の装置も動かすと比較ができるようになる。それが**図2−1**である。これは学者が上記3つの装置を比較して集めたデータである。何度も何度も試薬をつくるのが繰り返しという意味になる。ここでそれぞれの装置（のやり方）の出来上がり量を見てみよう（図2‑1）。

　新しい装置のやり方は5回のうち、3回が多く、2回中ぐらいの出来上がり量であった。古い装置のやり方は5回のうち、4回少なく、1回だけ中ぐらいだった。別の装置のやり方では5回のうち、1回だけ多くて、3回中ぐらい、1回少なかった。おそらく、この結果から、新しい装置に組み込んだやり方は、試薬の出来上がり量が多くつくれそうだ、という理解をするだろう。これが仮説である。新しいやり方は、試薬を多くつくれるはずだ、というわけである。

【写真２‐１　化学者のデータ収集】

写真提供：木村浩［第７章担当］

【図２‐１　学者のデータの使い方】

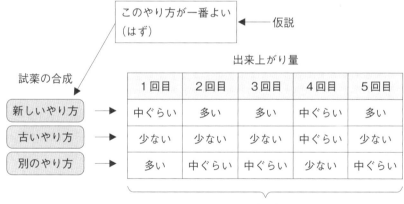

データ

　このとき、新しいやり方の装置の性能が良い（だから導入しよう）という主張は、繰り返し出来上がり量が多いデータをエビデンスとすることで、説得力を持つのである。

　これらの作業にすべて通じるのは、事実の安定的な存在である。それは繰り返し同じデータが産出されるという意味である（ここでは、出来上がり量の多さ）。

データは「その事実」が存在することを表していて、主張を支えるエビデンスになる。ところで、こういった作業は、学者だけでなく、われわれ経営学や商学でも見られることなのである。

❖ 経営現場のデータ分析

　経営の現場でも自分の主張を支えるためにエビデンスは重要になる。しかも、ものすごくたくさんのデータが、実はそこら中に転がっているのである。たとえば、われわれもよく立ち寄る町のお菓子屋さんを考えてみよう。子供の時分に慣れ親しんだ大好きなお菓子や飲み物がいつもあるので、見つければつい立ち寄ってしまうだろう。こういうお店でもたくさんの量のデータが毎日集まっているのである。

　町のお菓子屋さんは2017年に、全国で7,558件店あって、それらの年間販売額は約700億4,500万円である。これだと1店当たりの年間販売額は約926万7,663円になる。完全週休2日で約250日お店を開けているとして、1日の販売額は約3万7,070万円になる。今、1人のお客さんが平均で菓子200円、ジュース100円買ったとしよう。そうすると1日、だいたい123人のお客さんがやってきて買っていくことになる。これは、1日で123件のデータが集まったことを意味している（平成28年経済センサス、活動調査産業別集計（卸売業、小売業）「産業編（総括表）、第4表の5862番・菓子小売業（製造小売でないもの）2人以下のデータより算出）。年間で約30,892件のデータが集まるのである。

　これは、お菓子屋さんで繰り返し買い物のデータが集まっている、ということである。記録をつけていれば、どんな人が何を買ったということが、高い精度でわかることだろう。これくらいの量になるともう、コンピュータを使わずして分析なんてできない。

　こういった経営の現場でもエビデンスは、自分の主張の正しさを支援したり、補強したりするために使われる。なぜそんな必要があるのかといえば、経営は組織で行うからである。経営（あるいは学生の皆さんなら、クラブやサークル、バイト先でもかまわないが）は、1人ではできないので組織をつくる必要がある。組織は人々の集まりのことである。組織をつくると1人でできない課題を達成できるようになる。ただ、そのときには誰かがリードして、大勢の人々を上手に働かせる必要が出てくる。人々の意見はしばしば異なるからである。

　そうなると、それぞれの人々が、それぞれの主張をするようになる。これだと組

織が崩壊してしまうので、最終的には人々の思いをまとめて、力を集結させるのである。自分の主張で組織を動かすためには、上司や仲間を説得する必要がある。あるいは時にはライバルの主張に引導を渡す時でも同様である。決め手はエビデンスであり、それが自分の主張の説得度を高める。

　ただもう少し作業が必要である。エビデンスを示せばいつも自分の主張を支えられるか、といえばそうではない。別の誰かは、その自分のためにまた別のエビデンスを用意できるからである。

　ここでデータ分析の技術が生きてくる。なぜそのエビデンスが生じるか、を示すのがデータ分析である。エビデンスを用いて示すためには、それが自分の意図している主張を支えるかどうかが問題になるのである。そのためにはデータをどのように使うのかを考えておくのが適当である。以下では、それを考えよう。

3　統計データが主張を支える条件

　われわれが主張をする際には、エビデンスを使うと説得力が増すことがわかった。ぜひエビデンスを使って自分の主張を高めよう。このとき考えておかねばならない問題が2つある。1つは、そのエビデンスが主張に沿うかどうかである。つまり、集まったデータがなぜそのエビデンスといえるのかという論理性が問題になるのである。

　もう1つは、そのデータが主張を支えるために十分な可能性を持つかどうかである。それはたまたま見つかったデータなのか、それとも安定して見つけることができるのかという問題である。前者はデータの（指標の）妥当性の問題、後者はデータの（指標の）信頼性の問題と呼ぶ。以下ではそれぞれ簡単に考察しておこう。

◈ データの指標の妥当性

　データの妥当性とは、データがわれわれの主張に沿っているかどうかの適合度のことである。たとえば、今、企業の成長について調査しているとしよう。調査の目的は、どんな戦略を採用すれば企業が成長するかを考えることである。今、いくつかの会社の調査が終わって、表2-1のようなデータができあがった。これを使って、成長に資する戦略を主張するのである。

【表2‐1　データの妥当性を考える例】

	A社	B社	C社	D社
従業者規模（人）	15,000	7,000	6,000	5,000
戦略	大量生産	地域重点	国際化	技術開発

　同僚研究者のビルはこのデータから、大量生産戦略が企業の成長に貢献すると主張した。というのは、大量生産戦略を採用しているA社の従業者規模が一番大きいからである（1万5,000人である）。ビルは、あなたのライバルでいつも先を越されている。ここで少し挽回したいので「ちょっと待ってください」と言ってしまった。周りのみんながあなたに注目する。では、次に何を主張するだろうか。

　あなたは次のように言う。「われわれが調べたいのは企業の成長戦略です。このデータはある一時点の従業員規模なので、成長とは少し違うと思います」と。あなたの持った違和感は、ある時点の在籍者数（従業員規模）と企業成長の違いである。成長というとどれくらい伸びているのか、という変化のことだからである。

　表2‐2は、そのあたりを考えて、前年からの変化を加えて作り直したデータである。A社は、ある時点の規模は確かに4社の中で一番大きいが、前年からの変化を見れば3,000人も減少しているのである（一般的に▲はマイナスを表す）。では2番目に従業員数が多いB社はどうかといえば、それは50人の増加であった。A社に比べれば伸びているとはいえる。しかし、C社と比較すればまた違った理解になるだろう。C社は規模は第3位の6,000人だが、前年からの伸びは5,000人である。B社の50人増加も霞む大きさである。D社は前年からの変化はなく、4社の中で一番変化したのはC社ということになる。

　成長とは変化だと理解する（こういう作業は定義と呼ぶ）ならば、ある時点のデータを用いるよりも、何らかの変化のデータを見つける方が説得力は遥かに増す

【表2‐2　データの妥当性を考える例：成長を追加】

	A社	B社	C社	D社
従業員規模（人）	15,000	7,000	6,000	5,000
戦略	大量生産	地域重点	国際化	技術開発
前年からの変化（人）	▲3,000	50	5,000	±0

だろう。これはデータにつけた意味、つまり指標が違っていたのである。成長を考えるならば、規模という指標よりも、変化という指標の方が納得しやすいのである。

　データは単なる数字である。データに筋が通る意味を与えること、これはわれわれの仕事なのである。これをデータの妥当性という。

❖ データの指標の信頼性

　成長戦略の理解で、ビルに少しアドバンテージを稼いだが、さらにそれを補強する別のデータが出てきた。それはB社が成長する際にも、国際化戦略を採用していたことであった。誰もが国際化戦略が企業の成長に貢献すると納得し始めていた矢先のことであった。ビルが今度は、別のデータを持ってきた。それが**表2-3**である。

　表2-3は、2つの調査会社がC社の各機能部門の部長に質問した回答である。企業規模を1,000人に増やすまでと、5,000人に増やすまでの戦略がまとめられてある。ロイヤー社の調査では、1,000人になるまでは全員が、技術開発戦略が成長に貢献したと回答している。エルゼーバー社の調査でも営業部長だけが違った戦略を挙げているが、生産部長と開発部長は同じ戦略を指摘している。

　それに対して、従業員5,000人までの成長戦略になると、全員がバラバラの回答をしている。このように調査する人、あるいは調査される人ごとに得られる結論が違ってくると、そのデータは本当に正しいのか、という不信感を持たれることになる。誰がやっても同じ答えが得られるかどうかをデータの信頼性と呼ぶ。データの

【表2-3　データの信頼性を考える例】

	「御社の成長戦略は何ですか」と質問	従業員規模（人）	
		1,000人まで	5,000人まで
ロイヤー社の調査	生産部長の回答	技術開発	国際化
	開発部長の回答	技術開発	技術開発
	営業部長の回答	技術開発	顧客開拓
エルゼーバー社の調査	生産部長の回答	技術開発	国際化
	開発部長の回答	技術開発	技術開発
	営業部長の回答	顧客開拓	顧客開拓

指標の信頼性とは、一貫して同じ結果が得られる可能性のことである。

　われわれがデータを用いるのは、それが主張の信頼性を高めるからである。しかし、主張とデータがマッチしなければ、かえって無用なことになりかねない。企業の技術開発力の高さを調べようとしているのに、従業員規模を持ち出しても説得力はないだろう。

　このように考えてみると、データを使って話をうまく進めるためには、マスターしておけばよいテクニックがありそうである。それがリサーチ・デザインである。それを次に考えよう。

4　リサーチ・デザイン

　リサーチ・デザインは、説得力のあるデータ分析をするためのテクニックである。これによって、何を主張するために、どんなデータを集めて、どのように表示すればよいかの見取り図を得ることができる。

　先にみた、アルバイトのケースを考えてみよう。そこでは、自分の経験から雨が降ったらトニックウォーターが売れる、という規則性を発見していた。この２つの関係を、因果関係と呼ぶ。しかし、その因果関係がいつも正しく成立するという証拠がないので、今はまだそういった関係があるはずだという思いつきに過ぎない。そういった思いついた関係を仮説と呼ぶ。

　そこで仮説が正しいことを示すためにデータを集めよう。その一連の作業を調査という。調査とは、自分の主張が正しいことを証明するためにデータを集めることである。それが新しい主張（発見）になるのだから、それはすなわち、リサーチなのである。リサーチは学者だけがする特別なことではないのだ。

❖ リサーチ・サイクル

　リサーチには順序があって、それを学ぶと自分の主張をうまく表現できる可能性が高まるだろう。どんなことを主張するために、どんなデータを集めて、それをどのように示せば、課題が達成できるか、それを事前に描いておくのがリサーチ・デザインである（Column 2 - 1）。

　図２-２はリサーチ・デザインがどのように選択されるのかを示している。リ

Column 2 - 1

代表的なリサーチ・デザイン

　本章では、リサーチ・デザインは探索的リサーチと検証的リサーチの２つを仮説があるかどうかで区別した。もう少し厳密に言えば、リサーチ・デザインは何のために統計データを集めてどのように分析するのか、というリサーチの特性（得意技と言ったほうがいいかもしれないが）によって異なってくる。一般的には、リサーチには目的があり、達成すべき課題がある。それらの特性によって使える範囲（用途）が異なってくる。

　図２-２（27ページで後述）でもみるように、リサーチは最終的にはすべてが検証的リサーチに行きつくことになる。これはあなたの主張をもっとも強く支持することだろう。残念なことに、われわれはいつも経験に確信を持っているわけでもなければ、因果関係を意識しているわけではない。いきなり検証的リサーチに入れることは（それを目的とした研究以外では）あまりないだろう。そのために、検証的リサーチはもう少し容易にできる記述的リサーチというタイプを識別することができる。一般的には以下の３つのリサーチ・デザインが代表的である（**表２-４**）。

【表２-４　リサーチのタイプ】

リサーチの	探索的リサーチ	検証的リサーチ	
		記述的リサーチ	因果的リサーチ
目的	• 仮説やアイディア、洞察の発見	• 何がどうなっているのかはっきりさせること	• 因果関係をはっきりさせる
課題	• 仮説の発見 • 問題の設定	• 対象の特徴を抽出する • 対象のパターンを描き出す	• 原因と結果を結ぶメカニズムがなぜ駆動するのか理論をつくる • 原因と結果の間に関係がある証拠を出す
用途	• 仮説がまだないとき • 問題が不明確なとき • 次のリサーチ	• 仮説が明確であるとき	• 仮説が明確であるとき • 因果関係を明確にするデータが入手できたとき（実験が可能

	を考えるとき		である）
仮説	• 仮説はない	• ○○が増えたら、□□が増える。	• ○○が増えたら、□□が増える。 • なぜなら、△△が機能するからである。

　表2－4は、目的と課題によって区別したリサーチのタイプである。われわれは安心して何も主張のないところから始めてよいのだ。その際、忘れてはならないことは好奇心である。好奇心を持って街を歩けば、何かを良くする因果関係の仮説などいくらでも見つかる。電柱と野良犬の数の間にすら意味ある因果関係を読み取ることだってできるのだ。

　探索的リサーチは、何はともあれ街に出て数を数えてみることである。何かの統計データにあたってみることである。ゲームに興味があるなら、ゲームセンターの前に立って、出入りの人数を数えるだけでよい。1ヶ月集めれば、それは立派なオリジナルデータである（ただし不審がられて迷惑にならないようにしてください）。このデータを眺めれば、例えば、曜日ごとや時間ごとに変動が見られるかもしれない。あるいは洋服の違いがパターンになるかもしれない。あとは、なぜだろう、である。これに店内滞留時間でもわかれば、おそらく洋服ごとに支出単価が推察できて、お店の運営の改善に貢献するだろう。

　検証的リサーチは、記述的リサーチと因果的リサーチに分けられる。違いは、因果的リサーチは、因果関係が確実に存在するという証拠を出すことである。したがって、因果的リサーチは実験室で行う必要性がある。経営の実践や経営学でも実験を行うことはできる。実際に、実物大の店舗をつくって、商品を配列し、その違いが消費者の買い物行動にどう影響するかを調べるのは、ラボで試薬を混ぜ合わせている化学の実験と内容において違いはない。

　記述的リサーチは、もう少しデータの入手が緩やかで、因果関係の証拠を出すというよりも、仮説を支えるデータがいくつか見つかればよい。その関係が安定しているという証拠を出す必要は、必ずしもない。これくらいであれば、やってみようという気になることだろう。

サーチは仮説があるかどうかから始まる。仮説があればそれを検証するリサーチを選択することになる。まだ仮説がなかったり、曖昧であったりすれば、それは本当にそうなのかという探索をする方がよいだろう。その場合は、探索的リサーチを選択する。しかし、探索的リサーチによって、これはこうであるという因果関係の仮説ができあがったら、今度は仮説の完成によって検証的リサーチを行うことになる。

【図2-2　リサーチ・デザインのサイクル】

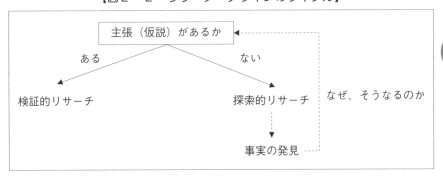

　リサーチはサイクルを回すことで自分の主張の正しさを検証するところ、つまり検証的リサーチに落ち着いていく。その決め手は仮説があるかどうかである。リサーチを効率よく、そしてうまく行う方法は、論理的に正しい仮説を持てるかどうかなのである。自分の主張もない人が、何を証明するのであろうか。まず事実ではなく、自分の主張なのである。

　マーケティング分析の手続きの出発点は、まずは仮説（自分の主張）を明確にすることから始まると言っても過言ではない。そこで以下では、仮説とは何か、仮説の構造を検討してから、ではどうすればその仮説がつくれるのかを考えよう（Column 2-2）。

❖ 仮説の開発

　ズバリ言えば、仮説とは、観察した興味深い現象がなぜ生じるのか、という因果関係についての推論のことである。推論であるから、実際に正しいかどうかわからなくてもよい（だから仮説ができれば、検証的リサーチをするのである）。因果関係であるから、まずは、原因と結果があって、それらがどのように関わっているのかを考える必要がある。

　因果関係にとって一番重要な条件は、3つある。1つは、原因（になる観察対象）の変化が、結果の変化に結びついていることである。原因と結果の間に、つながり（共変関係という）がなければ、因果にはならない。

　携帯電話が普及すると、ミツバチが減るという因果関係は、携帯電話の出荷台数が増大した後に、ミツバチの個体数が小さくなってくる、というそれぞれの変化を

Column 2 - 2

仮説の開発のための事例探索例

　本章ではマーケティング分析の出発点は、あなたの主張であることを繰り返し強調してきた。何がどうなっていると自分は信じている、だからこのやり方は非効率なのだ、という信念が新しい技術を生み出すのである。だから、なんといっても重要なことはあなたのオリジナルな主張なのである。

　とはいっても、それは決して容易な作業ではない。幸いなことに、われわれはすでに仮説をつくる方法ですら、いくつか発見しているのである。まず、なんといっても自分の経験である。あなたの経験は、唯一無二なのだ。その唯一無二であることは、仮説づくりに非常に貢献する。唯一無二であることはそれ以外にもある。たとえば、イレギュラーな事例である。ものすごく変わったマニアックな消費をする人（先端事例）であるとか、ことごとく一般的なわれわれと違ったことをする人（逸脱事例）も仮説構築の際の参照例となるだろう。

　もちろん、マーケティング分析をするならば、その少数の先端事例や逸脱事例が、いずれは周りに波及していくという予測がなければならない。それがなければ単なる変わり者である。それが代表的事例、原型事例である。なぜ少数の例外的な逸脱事例が、こんなに大勢の人に真似されるようになったのだろうか、という好奇心は仮説づくりの王道である。

　経験や観察だけではない。実は、本当に有力なのは、理論なのである。理論とは、すでに因果的リサーチによって因果関係が特定された仮説のことである。したがって、理論を学ぶとその理論が依然として効果があるのか（適合事例）、あるいはもう使えないのか（不適合事例）を、検証することができるだろう。

　たとえば、商業論には有名な「小売の輪」という理論がある。これは、新しい小売業態は、低価格・低サービスセグメントから発生することを明らかにした。それは低価格・低サービスセグメントの小売業態は、業績を拡大するために徐々に高サービス化をしなければならなくなるからである。高価格・高サービス化した小売業態の抜けた場所に、新しい低価格・低サービス小売業態が発生する、というのがこの理論の主張である。

　この理論が小売業以外にも適合できるのであれば、それは適合事例となる。すでに経営学の古典になった破壊的技術（クレイトン・クリステンセン『イノベーションのジレンマ』翔泳社）は、「小売の輪」の理論をコンピュータハードディスクドライブ産業へ援用した例である。これは適合事例の代表である。この場合は、この理論は別の業界でも有効だろうか、というのが仮説になる。

　何も適合事例ばかりがよいわけではない。それどころか、不適合の方が仮説を
つくるのにはやりやすいことすらあるだろう。なぜこの優れた理論が別の業界で
は使えないのだろうか、これは調査や研究の出発点としては最高のきっかけだろ
う。ここまで述べたことを一覧化すると表2-5のようになるだろう。

【表2-5　仮説開発のための事例研究】

タイプ	定　　義	実　　例
先端事例	代表事例となると期待される事例	インターネット通販の発展と楽天
代表事例	そのカテゴリーの代表事例	GMSとしてのイオン、イトーヨーカ堂
逸脱事例	基本パターンへの例外事例	SPAの例外としてのしまむら
原型事例	そのカテゴリーの創造事例	三越百貨店
適合事例	理論の仮定条件に適合する事例	「小売の輪」理論の例としてのダイエーとセブン-イレブン
不適合事例	理論の仮定条件に不適合な事例	「小売の輪」理論の例としてのヤマダ電機と良品計画

観察することができる。ここからもう1つの条件は、時間の先行性である。携帯電
話の普及（原因）は、結果に先立って起こっている必要がある。傘をさすから雨が
降るわけではないのと同じである。

　最後の1つは、擬似相関の排除である。擬似相関とは、原因と結果が1対1で関
係づけられないにもかかわらず、見かけ上はそんな関係になっているようにみえて
しまうことを言う。たとえば、小学校全体で調べたら、体重が重くなると50メー
トル走が速くなっているという関係を発見したときである。体重が重くなると50
メートル走が速くなる、という仮説を立ててしまうと危険である。これは小学校全
体を対象にしているのであるから、どう考えても学年の問題である。学年が走力向
上に関係するのであって、体重ではない。

　この擬似相関を排除するために必要な作法が、メカニズムの推論である。メカニ
ズムの推論とは、原因がなぜその結果を生み出すのか、理由を明らかにすることで
ある。メカニズムの推論は、マーケティング分析では原因と結果の安定的な関係を
示すことに重点が置かれるため、しばしば忘れられてしまうのであるが、意味のあ

【図2‐3　因果関係とメカニズム】

る因果関係を主張するためには不可欠の条件である。

　なぜそうなるのか、という説明がなければ、体重が増えると50メートル走が速くなるという擬似相関を見破ることはできない。これは何も擬似相関を排除するだけのためではない。単純な因果関係の推論にも必要な作業である。雨に濡れると風邪をひくことが多いので、ここから雨に濡れると風邪をひくという因果関係は、確かに正しい。しかし、そこから意味ある主張をするためには、雨に濡れたらなぜ風邪をひくのか、その理由を明らかにした方がより効果的である。それがわかると、風邪をひくメカニズムが一般的に理解できるようになるだろう。

　さらにメカニズムを考えるともう1ついいことがある。それは、思いもかけない因果関係を発見する可能性があることである。なぜそんな関係になるのだろう、なぜだろう、なぜだろうと考えることで、まったく新しい理由を発見するかもしれない。それは、新しい理論の手がかりになるはずである。これらの関係は、**図2‐3**のように整理できるだろう。仮説検定についてのより進んだ正確な解説は、第3章で説明する。

5　おわりに

　データを使ったマーケティング分析の手順は、データを集めてから始めてもいいし、自分の主張を裏付けるためにデータを探し出してもよい。その違いがリサーチ・デザインである。前者は探索的リサーチになるし、後者は検証的リサーチである。

　本章で強調したことは、データを使ったマーケティング分析は、何のためにする

のかを明確にするともっと楽しくなることである。それどころか、自分が世に貢献するためにはその手法のマスターはマストですらある。その技術がなければ、周りの人々はあなたの主張をあまり聞いてくれないだろう。思いつきばっかりで、頼りない奴だとみなされかねない。

　そのためには何よりも、あなたの主張である。思いついた主張をここでは仮説と呼んだ。仮説をうまくつくれるかどうかが、マーケティング分析の成否を決めると言っても過言ではない。コンピュータでデータを分析しても答えは出てこない。コンピュータによる計算は、仮説を検証するためにするのである。仮説をつくるのはあくまで、あなたの経験であり、信念である。

　さて、あなたは本章を読み終えたらアルバイトに行くかもしれない。データ分析をやってみようと思ったら望外の喜びである。帰ってきて続きを読むともっともっと理解が深まるだろう。この後に続く章は、雨の日にトニックウォーターが売れることがわかるとお店の業績が向上するという関係を、もっと厳密に教えてくれる。それはひいては自分のお給料の良さにつながってくるだろう。しかし、それ以上に大切なことを学ぶだろう。それは、自分の考えがうまくいくことで、他人も幸せになること、これである。

❓考えてみよう

1．仮説（あるいは命題）とは何かを整理してみよう。誰かに説明するときにその仮説がどんな役割を果たすか整理してみよう。

2．各種統計表をExcelに入力して、図表化してみよう。グラフに変化があるならば、その変化がなぜ起こったのか、仮説を考えてみよう。

3．自分の主張が通じた、と納得できたのはどんなとき考えてみよう。そのとき仮説（あるいは命題）はどんな役割をしたのか考えてみよう。

参考文献

デイビッド・アーカー＆ジョージ・デイ『マーケティング・リサーチ―企業と公組織の意思決定』（石井淳蔵・野中郁次郎訳）、白桃書房、1981年

田村正紀『リサーチ・デザイン―経営知識創造の基本技術』白桃書房、2006年

沼上幹『行為の経営学―経営学における意図せざる結果の探究』白桃書房、2000年

次に読んで欲しい本━━━━━━━━━━━━━━━━━━━━━━━━●

高根正昭『創造の方法学』講談社現代新書、1974年

木部智之『複雑な問題が一瞬でシンプルになる2軸思考』KADOKAWA、2017年

第**3**章

仮説検証

第1章
第2章
第3章
第4章
第5章
第6章
第7章
第8章
第9章
第10章
第11章
第12章
第13章
第14章
第15章

1 はじめに

　ある洋菓子メーカーが、これから発売する新商品の候補として「商品Ａ」と「商品Ｂ」を考えている。もし明らかに一方に人気があれば、予算の関係で、人気のある方にしぼって１つだけ売り出したい。そこで、実際にどちらの方が人気なのかを確かめたいと考えている。また、これまで新商品の発売直前には必ず折込チラシを入れていた。だが、それがほんとうに効くのか否か、顧客数や売上が増えるのかどうかを知りたいという。さらに、顧客の内訳を調べたところ、70％が女性、30％が男性であった。この数字から、顧客が女性に偏っていると考え、今後、明確に女性をターゲットとして商品の企画やプロモーションを行ってもよいかどうかを判断しようとしている。

　このように、企業がマーケティング活動を行う際、YesかNoか、ＡかＢかといったように、白黒をハッキリさせなければならない問題に直面することが多い。

　「新製品のＡ案とＢ案、どちらの方が成功する可能性が高いだろうか？」

　「テレビCMによって自社のブランドの知名度はほんとうに向上しているのだろうか？」

　「自社のブランドＡとライバル企業のブランドＢとでは、どちらの方が顧客からの評価が高いだろうか？」

　このような問題に直面したときに役立つのが仮説検証という方法である。仮説検

【写真３-１　洋菓子店の店頭】

ランファン（名古屋市千種区）より許可を得て筆者が撮影。

証とは、最初に仮説といわれる文章を構築し、それが正しいか否かをデータなどによって確かめるという一連の手続きのことである。

　本章では、マーケティング分析において最も頻繁に用いられる方法の１つである仮説検証の意味と方法について概観し、さらに仮説検証においてしばしば用いられる統計的検定の基本的な考え方と手順を学習する。なお、この章の内容は、以降の「χ^2検定」（第８章）、「ｔ検定」（第９章）、「分散分析」（第10章）などの基礎となる。これらの章を学習する前に、本章の内容をしっかりと理解してほしい。

2 仮説検証とは何か

　本章の冒頭で述べたとおり、企業はマーケティング活動に際して、白黒をハッキリさせなければならない問題にしばしば直面する。これらの問題に対して答えを出す方法の１つが仮説検証である。

　具体例をとおして仮説検証の流れを概観しよう。ある企業が次のような問題をかかえているとする。

　　問題：「自社のブランドＡとライバル企業のブランドＢとでは、どちらの方が
　　　　　顧客からの評価が高いだろうか？」

　仮説検証を行う場合、まずは仮説の設定を行う。仮説とは、正しいか否かの判断の対象となる、母集団の性質について述べた文章のことである。上記の問題に対し

【写真３-２　携帯電話ショップの店頭】

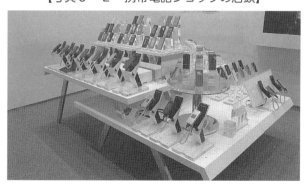

ソフトバンク名古屋より許可を得て筆者が撮影。

ては、次のような仮説を設定することができる。

　　仮説：「自社のブランドＡは、ライバル企業のブランドＢよりも顧客の好意度
　　　　　が高い」

　次に、サンプル・データによってこれが正しいかどうかを確かめる。母集団（こ
の場合は顧客全体）からサンプル抽出を行い、調査票などを用いて上記の仮説を裏
付けられるようなサンプル・データを収集、分析する（データの収集、集計、分析
の具体的な方法については、該当する章を参照すること）。その結果、仮説がサン
プル・データによって裏付けられたとき、

　　答え：「自社のブランドＡは、ライバル企業のブランドＢよりも好意度が高い」

を得ることができる。逆に、サンプル・データによって裏付けられなかったとき、
当初の仮説は否定される。
　以上のように、仮説の設定、サンプル・データによる検証をとおして、ある事柄
が正しいか否かを示す方法を仮説検証という（**図３‐１**）。
　さて、後者のサンプル・データによる検証では、多くの場合、「統計的検定」（単
に「検定」という）という方法が用いられる。検定とは、複数の数値間の大小や差
異に関する問題に答えを出すための方法である。
　例えば、「新しいテレビＣＭのＡ案とＢ案とではどちらの方が視聴者の好感度が
高いだろうか？」という問題に対しては、「Ａ案の方が高い」、「Ｂ案の方が高い」、

【図３‐１　仮説検証のイメージ】

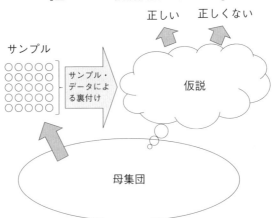

「2つの案の間で差がない」といった答えが考えられる。「ブランドAに対する評価は男女間で差があるだろうか？」という問題に対する答えとしては、「男女間で差がある」、「男女間で差がない」などがありえるだろう。つまり、検定とは、複数の数値のうちどれが大きいか（小さいか）、あるいは複数の数値間で差があるか（ないか）を統計的に判断するために用いられる方法なのである。

　次節では、検定を用いた仮説検証の具体的な手順について詳しく見ていこう。

3 仮説検証の手順

　前節で述べたように、仮説検証の手順には、大きく分けて、①仮説を設定する、②仮説が正しいことをサンプル・データによって示す、という2段階がある。ここでは、前節と同じ問題を例に取り上げ、検定を使った仮説検証の手順をより具体的に解説しよう。

> 問題：「自社のブランドAとライバル企業のブランドBとでは、どちらの方が
> 　　　　顧客からの評価が高いだろうか？」

①　仮説を設定する。
　最初に母集団についての仮説を設定しなければならないが、実は、設定するべき仮説は、次のように2種類ある（なぜ、わざわざ2種類の仮説を設定しなければならないのかについては次節で詳しく述べる）。

> 帰無仮説：ほんとうに言いたいことの否定
> 対立仮説：ほんとうに言いたいこと

上記の例では、

> 帰無仮説：「ブランドAとブランドBとでは顧客の好意度に差がない。」
> 対立仮説：「ブランドAはブランドBよりも顧客の好意度が高い。」

となる。このように、ほんとうに言いたいことを文章にした対立仮説のほかに、その否定を述べた帰無仮説も設定しなければならない。
　検定では2つ以上の数値間の大小や差異を判断するため、多くの場合、帰無仮説は数値間に「差がない」という表現になる。

【図3 - 2　統計的検定の手順】

帰無仮説
（ほんとうに言いたいことの否定）
「Aの値とBの値との間で差がない」 ✖

対立仮説
（ほんとうに言いたいこと）
「Aの値はBの値よりも大きい」
「Aの値とBの値との間で差がある」

②　対立仮説が正しいことをサンプル・データによって示す。

　ほんとうに言いたいことは対立仮説であり、これが正しいことを示したい。しかし、検定では、まず帰無仮説が正しいという前提に立ち、次に帰無仮説が正しくないことをサンプル・データによって示すことによって、結果としてその否定である対立仮説が正しいことを明らかにする（**図3 - 2**）。

　では、帰無仮説が正しい、正しくないという判定はどのように行われるのであろうか。一般に、検定の手続きでは確率の考え方が用いられ、「どれくらいの確率で帰無仮説が正しいのか」、あるいは「正しくないのか」が確率で表現される。

　今、母集団（顧客）からサンプル50人を抽出し、調査票を用いて「あなたはブランドAとBのどちらが好きですか」という質問をサンプルに対して行い、2つのブランドに対する好意度に関する数値データを得たとする。

　その結果、「ブランドAの方が好き」という人が1人だけいたとしよう。この場合、その人が偶然「ブランドAの方が好き」なだけであり、帰無仮説が正しいと言えるだろう。2人ならばどうか。やはりその2人が偶然「ブランドAの方が好き」であり、帰無仮説が依然として正しいと考えられるだろう。3人であっても、同様かもしれない。帰無仮説の主張に反するサンプル・データが少ないとき、それらのサンプル・データが発生したことは単なる偶然であると考えられるため、帰無仮説が正しいという確率は高くなる。

　しかし、「ブランドAの方が好き」という人が10人、20人、30人……となれば、これらの人たちが偶然「ブランドAの方が好き」とは言えなくなり、帰無仮説の主

Column 3 - 1

第１種の誤り、第２種の誤り

　本文で述べたとおり、検定は確率を使って仮説が正しいか否かを判断する。したがって、どれだけ慎重に行ったとしても、誤りが生じてしまう可能性がある。検定において生じてしまう可能性のある誤りには、次の２種類がある。

　　　第１種の誤り：帰無仮説が正しいにもかかわらず、棄却してしまう誤りのこと

　　　第２種の誤り：帰無仮説が誤っているにもかかわらず、採択してしまう誤りのこと

　　例えば、

　　「ブランドＡとブランドＢとは顧客の好意度に差がない。」（帰無仮説）
　　「ブランドＡはブランドＢよりも顧客の好意度が高い。」（対立仮説）

に対して、有意水準を５％に設定してサンプル・データを収集、分析したところ、帰無仮説が棄却されたとしよう。このとき、第１種の誤りが生じる確率は５％ということになる。もし有意水準を１％に設定していれば第１種の誤りが起こる確率は１％になる。このように、有意水準は第１種の誤りを犯す確率と言い換えることもできるので、「危険率」と称することがある。あらかじめ有意水準＝危険率を低く設定すれば、第１種の誤りが発生する可能性が低くなる。

　逆に、帰無仮説が採択されたとき、第２種の誤りが起こる可能性は（１－「有意水準」）で表すことができる。つまり、第１種の誤りの発生確率と第２種の誤りの発生確率とは表裏一体の関係にあり、同時に低くすることはできない。しかし、一般的には、第２種の誤りよりも第１種の誤りを回避することが重視されるため、有意水準＝危険率が低く設定されることが多い。

張が正しいとは言いにくくなってくる。このように、収集したサンプル・データが帰無仮説の主張に反して偏っているとき、帰無仮説が正しいという確率は低くなる。

　そこで、帰無仮説が主張するように「ブランドＡの方が好き」という人が少ないとき、帰無仮説が正しいという確率は高くなるため、

　帰無仮説：「ブランドＡとブランドＢとでは顧客の好意度に差がない。」

　　　　　　　　→「正しい」
　　対立仮説：「ブランドAはブランドBよりも顧客の好意度が高い。」
　　　　　　　　→「正しくない」

という判定をする。逆に、帰無仮説の主張に反して「ブランドAの方が好き」という人が多いとき、帰無仮説が正しいという確率は低くなるため、

　　帰無仮説：「ブランドAとブランドBとでは顧客の好意度に差がない。」
　　　　　　　　→「正しくない」
　　対立仮説：「ブランドAはブランドBよりも顧客の好意度が高い。」
　　　　　　　　→「正しい」

という判定を行う。

　実際の判定では、計算によって帰無仮説が正しい確率（「有意確率」という）を求め、これが十分に低いとき帰無仮説が「正しくない」、対立仮説が「正しい」と判定する。逆に、有意確率が高いとき帰無仮説が「正しい」、対立仮説が「正しくない」と判定する。ただし、有意確率が高いか低いかを判断するには、あらかじめ何らかの基準を決めておく必要がある。この基準を有意水準という。有意水準は5％または1％に設定されることが多い。

　上記の例で、あらかじめ決めておいた有意水準が0.05（5％）であり、計算によって求めた有意確率が$p=0.03$であったとしよう。このとき、有意確率が有意水準よりも低いため（$p=0.03<0.05$）、帰無仮説が「正しくない」、対立仮説が「正しい」と判定することができる。

　なお、有意確率の計算方法など詳細については、第8章「χ^2検定」、第9章「t検定」、第10章「分散分析」などを参照してほしい。

　ところで、帰無仮説が正しくないと判定することを帰無仮説を「棄却する」といい、対立仮説が正しいと判定することを対立仮説を「採択する」、「支持する」という。なぜ対立仮説が「証明された」とはいわず、「採択された」、「支持された」という表現を用いるのであろうか。上記の例に即して考えてみよう。

　検定の手続きによって帰無仮説「ブランドAとブランドBとでは顧客の好意度に差がない」が否定されたとする。これによって対立仮説「ブランドAはブランドBよりも顧客の好意度が高い」が正しいと言えるのであるが、実は、集めたサンプル・データを見る限りにおいて対立仮説がとりあえず正しいと言えただけであって、

仮に新たにサンプル・データを収集した結果、「どちらのブランドも同じくらい好き」という人が偶然とはいえないほど多く見つかれば、「ブランドAはブランドBよりも顧客の好意度が高い」はウソになってしまう。したがって、対立仮説が「証明された」という強い言い方をせず、「支持された」という控えめな言い方をするのである。

　以上が検定の大まかな考え方である。「χ^2検定」（第8章）、「t検定」（第9章）、「分散分析」（第10章）などは、いずれも上記の考え方をベースとしている。

4　仮説検証における注意点

　さて、ここまで学んだところで、多くの読者が次のような疑問を抱くのではないだろうか。なぜこのような回りくどいことをするのだろうか。正しいと言いたいことを正しいと直接的に「証明」してしまえば、それでいいのではないか。最初から対立仮説だけを設定し、これが正しいことを「証明」すればよいのではないか。

　実は、回りくどい手順を踏むのには、それなりの理由がある。次のような例を使って考えてみよう。

　今、ある企業が新しいテレビCMにタレントAを起用しようとしている。しかし、タレントAは男性には好かれているが、女性にはいまひとつ人気がないといわれている。そこで、消費者を対象とした好感度調査を行い、男女間でタレントAに対する人気に差があるかどうかを調べることにした。まず、

　　仮説：「タレントAは男女間で人気の差がある。」

を設定する。

　これを直接的に「証明」することは不可能に近い。なぜなら、一言で「差がある」といっても、「きわめて大きな差がある」、「大きな差がある」、「中程度の差がある」、「少し差がある」、「ごくわずかだが差がある」……など、その程度は無限にあり、「差がある」ことを「証明」するためには、それらを裏付ける例を無限に集めなければならないからである。そこで、次のような手順をとる。

　①　あえて言いたいことの否定を言ってみる。

　　「タレントAは男女間で人気の差がない。」（帰無仮説）

②　もし、タレントＡが好きという男性が多くいて、そのことが単なる偶然でないとすれば、少なくとも

「タレントＡは男女間で人気の差がない。」（帰無仮説）

が正しくないとハッキリ言える。

③　そうであれば、

「タレントＡは男女間で人気の差がない。」（帰無仮説）

の否定である

「タレントＡは男女間で人気の差がある。」（対立仮説）

がとりあえずは正しいと言える。なぜなら、「差がない」という状態はたった１つしかないため、これを否定するだけで、逆に「差がある」が正しいと言えるからである。

このような手続きを踏めば、日本中の男性と女性を調べることなく、「タレントＡは男女間で人気の差がある」ことを示すことができる。

同様に、先ほどの例を使って説明してみよう。

問題：「自社のブランドＡとライバル企業のブランドＢ、どちらの方が顧客からの評価が高いだろうか？」

に対して、ほんとうに言いたいことを次のように仮説として表現したとする。

仮説：「ブランドＡはブランドＢよりも顧客の好意度が高い。」

この仮説を直接的に「証明」するには、「ブランドＢよりもブランドＡの方が好き」という人を無限に集めてきて示さなければならないことになる。なぜなら、「好き」という程度は、「どちらかといえば好き」、「少しだけ好き」、「かなり好き」、「非常に好き」……など１つに限定できないため、すべての「好き」の程度について実際の事例を示さない限り、「証明」されたことにならないからである。しかし、それは明らかに不可能である。そこで、次のような手順をとるのである。

①　言いたいことの否定を言ってみる。

「ブランドＡとブランドＢとは顧客の好意度に差がない。」（帰無仮説）

Column 3 - 2

「片側検定」と「両側検定」

　検定には、「片側検定」と「両側検定」の2種類がある。

　「片側検定」とは、複数の数値間に大小関係があるかないかを明らかにしようとする検定である。注意しなければならないのは、「片側検定」は、あらかじめどちらかの数値がもう一方の数値よりも大きいことがわかっているときに用いられることである。例えば、クーポンを配布したとき来店客数が増加するが、統計的にみてそれが正しいといえるのか、といった問題について答を出そうとするときに用いられる。片側検定における対立仮説は、「AはBよりも大きい」、「AはBよりも高い」、「AはBよりも多い」といった表現になることが多い。

　一方、「両側検定」は、複数の数値間に差があるかないかのみに焦点が当てられる検定である。すなわち、複数の数値間の大小関係を問題にしないとき、あらかじめ数値間の大小関係が明らかでないときに用いる検定である。例えば、あるブランドの好き嫌いについて男女間で差があるか、タレントAの人気は東京と大阪とでは差があるか、などを検定によって確かめようとする際、両側検定を行うことになる。両側検定における対立仮説は、「AとBとの間に差がある」という表現になることが多い。

　ただし、帰無仮説は、「片側検定」、「両側検定」のどちらであっても「AとBとの間に差がない」という言い方になる。

　実際に検定を行う際には、いずれかの検定を選択しなければならない。

② もし、「ブランドBよりもブランドAの方が好き」という例が見つかり、それが単なる偶然ではないとすれば、

　　「ブランドAとブランドBとは顧客の好意度に差がない。」（帰無仮説）

が間違っているとハッキリ言える。なぜなら、帰無仮説が主張する「差がない」という状態はたった1つしかないため、それに反する例（「差がある」という例）を1つ示すだけで「差がない」という主張を退けることができるからである。

③ そうであれば、

　　「ブランドAとブランドBとは顧客の好意度に差がない。」（帰無仮説）

の否定である

　　「ブランドAはブランドBよりも顧客の好意度が高い。」（対立仮説）

　がとりあえずは正しいと言える。

　以上のように、検定の回りくどい手順は、言いたいことを裏付ける例を無限に集めることを避けるための工夫なのである。

5　おわりに

　本章では、仮説検証の意味と手順について学習した。

　仮説検証の手続きそのものはそれほど特殊なものではなく、難解ではないと思われる。これに対し、仮説検証においてしばしば用いられる統計的検定は、われわれが日常生活においてほとんど用いることのない独特の考え方をとる。後の章で学習する「χ^2検定」（第8章）、「t検定」（第9章）、「分散分析」（第10章）などは、すべて本章で習得した内容を基礎としている。本章の内容をしっかりとマスターし、検定がもつ独特な理屈に慣れ親しんでほしい。

?考えてみよう
1．本章で学習した統計的検定の手順を自分で整理してみよう。
2．次の問題について、帰無仮説および対立仮説を設定してみよう。
　①　「折込チラシA案とB案、どちらが来店客数の増加に効果があるだろうか。」
　②　「ブランドCに対する評価は、男女間で差があるだろうか。」

参考文献
宮川公男『基本統計学（第4版）』有斐閣、2015年。
東京大学教養学部統計学教室『統計学入門』東京大学出版会、1991年。

次に読んで欲しい本
高田博和・上田隆穂・奥瀬喜之・内田　学『マーケティング・リサーチ入門』PHP研究所、2008年。

第 II 部

データの集計

第**4**章

サンプリング

第1章
第2章
第3章
第4章
第5章
第6章
第7章
第8章
第9章
第10章
第11章
第12章
第13章
第14章
第15章

1 はじめに

　マーケティング分析において、実際どのようにデータを集めればよいのだろうか。例えば、大学生がコンビニエンス・ストア（以下、コンビニ）をどのように利用しているのかについて、リサーチをしようとする場合を考えてみよう。あなたが大学生なら、すぐに身近な友人に聞けば良いだろうと思うかもしれない。だが、そう単純ではない。

　まず、調査対象のすべて（「母集団」という）は誰になるかを考えてみよう。それは、大学生全員となる。さすがに全員を対象に全数調査（「センサス」という）を行うのは現実的に不可能だろう。しかし、身近な友人に聞くだけで本当に大丈夫なのだろうか。身近な友人は、大学生全体の年齢や性別、居住地域、利用頻度、利用金額などの特性に適合しているだろうか。おそらく身近な友人だけでは、ほとんどの場合、大学生の全体がもつ特性を代表しているとはいえない。

　では、どうすればマーケティング分析において、正しくデータを集められるのだろうか。それが、本章で学ぶ「サンプリング」である。正しくサンプリングを行えば、効率的に正しくデータを集めることができる。これは、まさにマーケティング

【写真4-1　コンビニエンス・ストア】

写真提供：株式会社セブン＆アイ・ホールディングス

分析の成否に関係する重要かつ不可欠な手順である。以下では、まずはマーケティング分析において、今みたセンサスあるいはサンプリングの選択のポイントは何かを確認する。その上で、大学生のコンビニの利用動向調査を事例にして、母集団の定義からはじめ、データの収集に至るまでの一連のステップからなるサンプリングのプロセスを順に確認していく。次に、皆さんがサンプリングを行う際に、気をつけなければいけないことの確認を行う。おわりに大学生のコンビニ利用動向に関するマーケティング分析のサンプリング・プロセスを振り返り、本章のまとめとする。

2　センサスか、サンプリングか

　センサス（全数調査）とは、改めて定義すると、「母集団のすべてを調査すること」である。すべての国民を調査対象とする「国勢調査」の英訳はポピュレーション・センサスである。母集団とは、「調査対象の集団に属するすべてのデータのこと」である。一方、サンプリングとは、「母集団の一部であるサンプル（標本）を対象に調査すること」である。

　では、センサスあるいはサンプリングの選択のポイントは何だろうか。この問題を検討するにあたっては、母集団のサイズや、その特性のバラツキの程度を考慮することが重要である。企業が企業に向けて販売する「産業財」の分野では、母集団のサイズが小さい場合が多く、センサスが可能である。例えば、家電メーカーにおける液晶の利用動向についてリサーチを行う場合、母集団となる家電メーカーの数も多くなく、リサーチにコストもかからないことが予想される。さらに、メーカーごとに、製造している製品や、製造の規模や工場設備などバラツキも大きい可能性があり、一部のサンプルの調査だけでは正しい結果が得られない可能性もある。その場合、センサスがサンプリングに比べ利用されることになるだろう。

　だが、消費者に向けて販売する「消費財」の分野では、母集団が大きい場合が多く、センサスは難しい。例えば、大学生のコンビニ利用動向調査のように大学生全体を母集団とするセンサスでは、リサーチに膨大な時間やコストがかかり、現実性はない。このように母集団のサイズが大きい場合には、時間やコストの制約から、センサスを行うのは限界がある。そのため、サンプリングが実施される。

3 サンプリング・プロセスとは何か

　では、サンプリング・プロセスを、順に見て行くことにしよう。それは、①母集団の定義からはじまり、②サンプリング・フレームの決定、③サンプリング方法の決定、④サンプル・サイズの決定、⑤サンプリングの実行という5つのステップとなる（図4-1参照）。

❖ 母集団の定義

　まず、最初の母集団の定義は、マーケティング分析の重要なステップである。母集団の定義とは、「マーケティング分析の目的を理解し、母集団に誰を入れ、誰を入れるべきではないかを正確に記述すること」である。具体的には、①要素、②抽出単位、③範囲、④時間を定義しなければいけない。要素とは「調査対象」のこと、そして抽出単位とは「要素を含む単位」である。例えば、住宅の購買理由について調査するとき、要素は住宅の購買において主に決定権を持つ世帯主となり、抽出単位は世帯となる。この場合は、要素と抽出単位とは異なる。もちろん、両者が一致する場合も多い。範囲とは「地理的な場所」のことであり、時間とは「調査対象となる時間」を意味する。例えば、大学生のコンビニ利用動向調査であれば、要素は大学生であり、抽出単位も要素と同じである。その範囲は全国、時間は現在というように母集団が定義されていく。

【図4-1　サンプリング・プロセス】

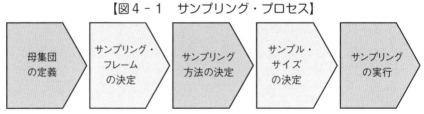

出所：ナレシュ・K.マルホトラ『マーケティング・リサーチの理論と実践：理論編』
同友館、2006年、邦訳457頁を参考に著者作成

❖ サンプリング・フレームの決定

　母集団が定義されたら、次はサンプリング・フレームを決めなければならない。サンプリング・フレームとは、「母集団の要素が表示されるリスト」である。電話帳や業界団体の企業名簿、名簿業者から購入した郵送先名簿、市名一覧、地図などがサンプリング・フレームとなる。例えば、大学生のコンビニ利用動向調査であれば、全国の大学生が母集団となり、大学生名簿がサンプリング・フレームとなる。

❖ サンプリング方法の決定：非確率サンプリング

　サンプリング方法には、大きく「非確率サンプリング」と「確率サンプリング」という2つが挙げられる。この2つのどちらを使うかが、重要な意思決定となる。
　まず非確率サンプリングとは、「作為抽出法」とも呼ばれ、「母集団から、確率ではなくリサーチャーの判断に依存してサンプルを抽出する方法」である。確率サンプリングに比べ、コストや時間がかからないことから、多くのリサーチで非確率サンプリングが利用される。だが、得られたサンプルが母集団を代表するものとは統計的にいえないという課題をもつ。非確率サンプリングとしては、①便宜サンプリング、②判断サンプリング、③割当サンプリング、④スノーボール・サンプリングなどが挙げられる。
　便宜サンプリングとは、「収集しやすい抽出単位からサンプルを抽出する方法」である。例えば、たまたまその場にいた人に行う街頭インタビューや、教員が講義の受講生に行う調査は便宜サンプリングである。こうした手法は、コストや時間がかからないという利点がある一方、そのサンプルは母集団を代表するものではなく、検証的リサーチには勧められない。事前調査などの探索的リサーチには使うことが可能である。冒頭でみた、身近な友人に調査するというのは、まさにこの便宜サンプリングの一例である。
　判断サンプリングとは、便宜サンプリングの一形態で、「リサーチャーの判断により意図的に要素を選択する方法」である。母集団に近似したサンプルになるようサンプリングを行う。テストマーケティングは、その例にあたる。新製品が市場導入可能かどうかを、リサーチャーが選別した市場全体の特性に近いテスト市場に投入して判断する。

　割当サンプリングとは、「リサーチャーの判断に依存して、2段階で抽出する方法」である。第1段階として母集団をグループに分類した上で、その中から第2段階として便宜サンプリングあるいは判断サンプリングによってサンプルを抽出する。例えば、大学生のコンビニ利用動向調査において、母集団を特定大学の8,000人の学生にした場合、まず学年別と性別でグルーピングする。各学年2,000人で、男女比が6対4、サンプル・サイズを400人とするならば、各学年男性60人女性40人のサンプルを、便宜サンプリングによって抽出する。

　スノーボール・サンプリングとは、「無作為に選んだ調査対象者とその人からの紹介者、さらに紹介者の紹介者というように波及的に継続してつながる対象者を調査する方法」である。この手法は、母集団が小さく、必要なサンプルを得るのが困難なケースで利用される。例えば、先端的な顧客（リード・ユーザー）をサンプリングする際に利用される。

❖ サンプリング方法の決定：確率サンプリング

　一方、確率サンプリングとは、「無作為抽出法」とも呼ばれ、「母集団から確率的にサンプルを抽出する方法」である。統計手法を用いて抽出しているので、非確率サンプルが抱えているリサーチャーの作為的選択というバイアスの問題がない。確率サンプリングは多くあるが、代表的なものとして、①単純無作為サンプリング、②システマティック・サンプリング、③層化無作為サンプリングを取り上げる。

　単純無作為サンプリングとは、「乱数表を使い、対象番号をサンプルとして抽出する方法」である。対象に一連の番号を付けることが可能な場合に利用できる。全体を代表するサンプルを全体から確率的に抽出できるので精度は高いが、サンプル・サイズが大きいときはコストがかかる。

　システマティック・サンプリング（系統無作為抽出法）とは、単純無作為サンプリングに似ていて、「最初に乱数表からひとつの対象番号を選択し、それ以降は『抽出間隔』（名簿記載人数をサンプル数で除した整数）ごとに、対象番号をサンプルとして抽出する方法」である。単純無作為サンプリングより手間がかからないが、精度は劣る。なお、対象番号に周期性があると問題が生じる可能性がある。例えば、ある店舗の売上高が時系列に並んだリストで、抽出間隔を12にした場合、ある特定の月を選択してしまい、サンプルは月次変化を反映できなくなる。

　層化無作為サンプリングは、「確率的に、2段階で抽出する方法」である。世論

調査など全国規模の大規模調査で利用される。確率的に抽出する点が先の割当サンプリングとの相違点である。割当サンプリングで見た大学生のコンビニ利用動向調査の例でいえば、学年別と性別でグルーピングされた中から、各学年男性60人女性40人のサンプルを、単純無作為サンプリングあるいはシステマティック・サンプリングによって抽出することになる。

❖ サンプル・サイズの決定

　次にサンプル・サイズの決定である。サンプル・サイズとは、「調査に含まれる要素の数」である。サイズの決定には、質的・量的な要因の考慮が必要である。質的要因は、①決定の重要性、②変数の数、③調査の性質、④出現率、⑤完了率、⑥分析の性質、⑦同様の調査で使われたサンプル・サイズ、⑧資源の制約がある。

　一般的に、意思決定の重要性が高くなるほど、変数の数が多くなるほど、統計手法が高度になるほど、出現率（調査に求める対象が出現する率）が低いほど、そして完了率（調査が最後まで完了する率）が低いほど、大きなサンプル・サイズが求められる。サンプル・サイズは、分析の性質も関係する。探索的リサーチの場合は小さいサンプル・サイズで問題ないが、検証的リサーチの場合は大きいサイズが必要となる。さらに、過去の経験則からの平均的なサンプル・サイズも考慮する必要がある。表4-1のように、複雑な課題ほど、大きなサンプル・サイズを必要としている。こうした経験則は、サイズの根拠を決めにくい非確率サンプリングでは、

【表4-1　サンプル・サイズの一覧】

調査のタイプ	最小サイズ	通常の範囲
課題特定リサーチ（市場規模の予測など）	500	1000-2500
課題解決リサーチ（価格決定など）	200	300-500
製品テスト	200	300-500
テスト・マーケティング調査	200	300-500
広告テスト	150	200-300
店頭でのテスト・マーケティング	10店	10-20店

出所：ナレシュ・K・マルホトラ『マーケティング・リサーチの理論と実践：理論編』
同友館、2006年、邦訳461頁を参考に著者作成

サイズの指針となるだろう。だが、サンプル・サイズが大きくなると、コストや時間は増加する。したがって、コストや時間、さらにいえば、調査ができる人材など資源の制約を考慮する必要がある。

　一方、量的要因としては、①標準偏差、②誤差の許容範囲、③信頼水準という３つを考慮する必要がある。まず標準偏差、つまり母集団の異質性を示す分散の考慮である。母集団の要素が均一していれば（標準偏差が小さい場合）サンプル・サイズは小さくてもよいが、異質であれば（標準偏差が大きい場合）サイズを大きくする必要がある。

　次に、誤差の許容度の考慮である。母集団とサンプルの誤差をどの程度まで許せるのかという問題である。簡単な意思決定であれば誤差はある程度許され、サンプル・サイズは小さくてもよいが、重要な意思決定では誤差は許されずサンプル・サイズを大きくする必要がある。

　信頼水準は、90％、95％、99％のいずれかが適用され、通常95％が使用される。95％の場合は、サンプルから推計される母集団の特性値である平均値が誤って推定される率が５％ということである。信頼水準が低いとサンプル・サイズは小さくてもよいが、信頼水準が高いとサイズを大きくする必要がある。

　なお、この３つの数値によって、単純無作為サンプリングにおける必要なサンプル・サイズは推定される（その計算式は、サンプル・サイズ＝(標準偏差×信頼水準÷誤差の許容度)^{2}となる）。

❖ サンプリングの実行

　サンプリングの実行に際しては、サンプリング・プロセスで決定してきたことに加え、調査目的、調査内容、質問の量、予算、実施期間などを踏まえた上で、データ収集法を選択し、データの収集を実際に行う。データ収集法は、①電話法、②郵送法、③留置法、④面接法、⑤インターネット法、⑥会場テスト法、⑦ギャング・サーベイ法などがある。

　電話法とは、「インタビュアーが回答者に電話して、準備した質問票に基づいて尋ねていく方法」である。他の手法と比べコストをかけず同時に大量のデータを収集することが可能である。さらには、テレビCM放送直後に調査するなど即時性もある。だが、多くの質問や複雑な質問はできない、そして回答してもらいにくいという課題もある。

> Column 4 - 1

1次データと2次データ

　マーケティング分析で収集するデータには、「1次データ」と「2次データ」がある。1次データは、現時点の課題という特定の目的のために、リサーチャーによりつくられる「オリジナル・データ」である。1次データには、定性調査と定量調査がある。定性調査は、小規模なサンプルを対象にしたグループ・インタビューやデプス・インタビューなどの調査であり、主に探索的リサーチで利用される。定量調査は、大規模なサンプルを対象にした、本書で扱うようなサーベイリサーチや実験などの調査であり、主に検証的リサーチで利用される。だが、1次データの入手には、コストと時間がかかることが多い。

　一方、2次データは、すでに他の課題のために収集された「既存データ」である。2次データには、内部データと外部データがある。内部データは企業など調査主体となる組織内部にあるデータであり、外部データは出版物や各種のデータベースなどが挙げられる。こうした2次データの入手は、1次データに比べて時間やコストがかからない。

　さらに、国勢調査などのセンサスのように、一企業が1次データとして収集不可能なものもある。こうした国勢調査は、サンプリング・プロセスにおいてもよく利用される。他にも、2次データは、課題の定義や、リサーチ設計、ラフな仮説の検証、そして1次データの深い解釈などに役立つ。このように、2次データの利用は、1次データの収集に不可欠なものである。そのため、リサーチの基本は、まずは利用できそうな2次データはないかを調べることとなる。

　だが、2次データは便利ではあるが、他の問題解決のために収集されたデータ

【表4-2　1次データと2次データとの比較】

	1次データ	2次データ
概要	オリジナル・データ	既存データ
収集目的	現時点の課題のため	他の課題のため
収集プロセス	非常に複雑	迅速かつ容易
収集コスト	高い	比較的安い
収集時間	長い	短い

出所：ナレシュ・K・マルホトラ『マーケティング・リサーチの理論
と実践：理論編』同友館、2006年、邦訳154頁を参考に作成

であることを忘れてはいけない。その利用が本当に適切かどうかを検討した上で利用することが必要である。

　郵送法とは、「質問票を回答者に郵送し、回答を記入して返送してもらう方法」である。広範囲な人を対象にできる。さらに、家に常時いない人にもアプローチできる方法である。時間をかけて回答してもらえるので、質問項目が多い場合に適している。さらにインタビュアーの外見や質問の仕方が回答に影響を与えるといったバイアスがかからないという特徴もある。だが、わざわざ返送しない人も多く回収率は低い。質問の内容が誤って解釈されるリスクもある。

　留置法とは、「調査者が質問票の配布と回収を訪問によって行う方法」である。回答者は時間をかけて回答できるので、質問項目が多い場合に適している。さらに訪問しているので回収率は高い。だが、配布と回収と2回訪問するのでコストがかかり、調査地域が広いと難しい。製品サンプルをモニターしてもらい意見をもらうこともある。これは、ホーム・ユースド・テストと呼ばれる。

　面接法とは、「インタビュアーが、回答者に直接会って、質問票に基づいて回答者に尋ねていく方法」である。試作品やサンプル、図、写真などを示しての説明が可能である。さらに、回答者が質問を誤解していないかを確認できる。場所は、回答者の自宅もあれば、テスト会場のブース、あるいは街頭で立ちながら行われることもある。だが、インタビュアーの外見や質問の仕方などによる回答へのバイアスがかかる可能性がある。

　インターネット法とは、「インターネットを通して行う調査方法」である。調査には、事前に登録している回答者に行うクローズドの調査と、誰でも回答できるオープンの調査がある。オープンの調査では、景品目当てで何度も回答されバイアスがかかる可能性がある。さらに回答者がインターネットを利用できることが条件となることもバイアスとなる。

　会場テスト法とは、「テスト会場で行う面接法」である。新製品の飲料などの試飲を想像してもらえれば、わかりやすいだろう。事前に依頼した回答者に来場してもらう場合もあれば、会場周辺の通行人から集める場合もある。

　ギャング・サーベイ法とは、「テスト会場で、集団一斉調査を行う方法」である。ギャングは集団という意味である。会場テスト法との違いは、一斉に調査する点である。例えば、新製品や新広告を提示し、回答ボタンや質問票により一斉に評価を

求める。短期間に大量データを入手できることが利点である。

4 サンプリングで気をつけること

　サンプリングでは、サンプリング・プロセスを正しく実施するだけではなく、サンプリングの際に生じる誤差の問題や、個人情報保護の問題（Column 4 – 2に記載）に気をつける必要がある。サンプリングの誤差は、「サンプル誤差」と「非サンプル誤差」から生まれる（**図4 – 2**参照）。

　1つめのサンプル誤差とは、「サンプル自体が原因となる誤差」である。誤差は、母集団における真の平均値と、サンプルの平均値との間の差となる。例えば、母集団の平均年収が500万円なのに、サンプルの平均年収が450万円という差に現れる。通常、サンプル・サイズを大きくするとサンプル誤差は軽減される。なお、サンプル誤差は、確率サンプリングに関係する誤差である。非確率サンプリングでは、

【図4 – 2　サンプリング誤差】

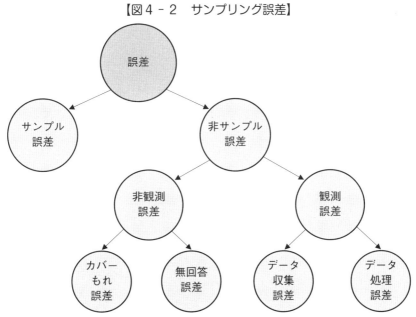

出所：高田博和・上田隆穂・奥瀬喜之・内田学『マーケティングリサーチ入門』
　　　PHP研究所、2008年を参考に著者作成

その手法上サンプル誤差があるのは前提だからである。

　もう１つの非サンプル誤差とは、「サンプル以外のサンプリングが原因となる誤差」である。これは、サンプル・サイズを大きくしても、誤差を増やす可能性が高く注意が必要である。それは非観測誤差と観測誤差から生じる。

　「非観測誤差」には、カバーもれ誤差と無回答による誤差がある。カバーもれ誤差とは、「サンプリング・フレームによって生じる誤差」である。リサーチャーにより定義された母集団と使用するサンプリング・フレームから得られる母集団との差の問題である。例えば、電話帳をサンプリング・フレームとする場合、電話帳の不掲載、回線不通、新規電話の未掲載など電話を持っている母集団を正確に表さない可能性が想定される。こうした誤差を防ぐには、サンプリング・フレームのリストが抽出単位をカバーするよう万全をつくすしかない。その上で発生した場合は、再度、確率サンプリングを行うことも検討する。

　無回答誤差とは、「サンプルに含まれる調査対象者が拒否や不在で回答してくれない場合に生じる誤差」である。無回答があると、本来必要なサンプルが入手できないので、誤差を生み出す。拒否については、データ収集法により異なるので、より入手しやすい手法に変更するなどの対応が必要である。一方、不在についてはフォローアップを試みる必要がある。

　「観測誤差」は、データ収集誤差とデータ処理誤差がある。データ収集誤差とは、「回答してくれたにもかかわらず、質問票の一部の質問に回答を拒否したり、不正直だったりするなどデータ収集時に起こる誤差」である。面談法はこの誤差を低減できる。なお、拒否による誤差は、欠損値のデータとして分析することも可能である。

　データ処理誤差とは、「収集したデータを入力、編集、コーディング、集計、分析する際のミスなどデータ処理時に起こる誤差」である。二重入力によるチェックや、平均値、最大値、最小値、分散など基本的な統計値に異常値がないかを確認することで誤差を低減できる。

　このように、サンプリングの際に生まれる誤差を正しく理解し、正しいサンプリングが行われるよう気をつける必要がある。

Column 4 - 2

マーケティング分析と個人情報保護

　周知のとおり、近年、個人情報への関心が高まっている。2003年には、個人情報保護に関する法律や行政機関等個人情報保護法が公布された。こうした中、事業者にとって、個人情報を保護するのは社会的責任となった。なお、事業者には、法人だけでなく、NPO法人や自治会、同窓会、マンションの管理組合などの非営利組織も含まれる。本文のサンプリング・フレームの中で触れた各種名簿は、部外者はもちろん部内者も簡単に見ることが困難になってきている。とはいえ、マーケティング分析は、調査対象が提供する個人情報がなくては成立しない場合が多い。そのためには、個人情報とは何か、そして、どのように扱うべきかを学ぶ必要がある。

　まず、個人情報とは、「生存する個人に関する情報であって、当該情報に含まれる氏名、生年月日その他の記述等により特定の個人を識別することができるもの（他の情報と容易に照合することができ、それにより特定の個人を識別することができることとなるものを含む）」、または「個人識別符号が含まれるもの」である。

　例えば、氏名のみでも、特定の個人を識別できるため個人情報となる。個人を識別できる顔写真や録画・録音データも同様である。氏名と組み合わせた生年月日や連絡先（居場所・住所・電話番号・メールアドレス）、所属や肩書きなどの情報も該当する。さらに、その情報だけで個人を識別できる個人識別符号も、個人情報である。DNAや虹彩、声紋、指紋、歩行の様子などの生体情報の符号や、免許書やパスポート番号、マイナンバーなどの公的番号のことである。このように、実に多様なものが、個人情報として保護する必要がある。

　個人情報の扱い方としては、個人情報の取得時に、回答者へ個人情報の利用目的を具体的に提示する必要がある。例えば、質問票の冒頭に、利用目的や処理方法、個人情報を第三者に提供しない旨を記載することが望ましい。さらに、不必要な個人情報を入手しないことも重要である。調査目的と照らし合わせ、最低限の個人情報に絞り込む必要がある。

　一方、回答者としては、個人情報の利用目的などの記載がない質問票に対しては注意が必要である。個人情報の管理を適切に行っている企業等を認定する「プライバシーマーク制度」があり、こうした認定を受けているかどうかも判断の基準となるだろう。

【写真4－2　プライバシーマーク】

10123456 (01)
JISQ15001:2006準拠

写真提供：財団法人日本情報処理開発協会プライバシーマーク推進センター

5 おわりに

　最後に、改めて、大学生のコンビニ利用動向調査のサンプリングの事例を一連の
プロセスとして確認し、本章で学んだことを振り返る。まず、消費者向けの調査の
ため、センサスは難しく、サンプリングを選択する。母集団の定義では、要素は大
学生であり、抽出単位は要素と同じで、範囲は全国、時間は現在となる。そのサン
プリング・フレームは、全国の大学生名簿となる。だが、全国の大学生名簿を集め
るのは現実的ではない。そこで、母集団を特定大学の学生（各学年2,000人、男女
比6対4）に変更した上で、特定大学の学生名簿をサンプリング・フレームとして
選択する。だが、こうした名簿の入手は個人情報保護の観点から利用しにくいこと
から、割当サンプリングを選択する。第1段階として学年別性別でグループに分け、
第2段階としてグループの中から便宜サンプリングによって抽出する。サンプル・
サイズは、問題解決リサーチの経験則から400に決定し、1学年ごとに男性60人
女性40人をサンプルとして抽出する。サンプリングの実行は、大学構内において
面接法でデータ収集を行う。おわりに、誤差の問題を考慮しつつ、サンプリングの
結果を振り返る。

　本章を通して、すぐ身近な友人に聞けばよいという冒頭での判断が、随分荒っぽ
かったことに気づいたのではないだろうか。皆さんが、正しくサンプリングを行い、

効率的にデータ収集できることを期待する。

？考えてみよう

1．女性用ジュエリーのメーカーが、顧客の購買動向調査を行う際、その母集団を
　どのように定義すればよいだろうか、考えてみよう。
2．全国の小売業の実態調査のために、単純無作為サンプリングを実施した場合、
　どのような問題があるだろうか、考えてみよう。
3．大学生を母集団とする調査で、電話法によるデータ収集法を実施した場合、ど
　のような問題があるだろうか、考えてみよう。

第4章

参考文献

酒井　隆『マーケティングリサーチハンドブック―リサーチ理論・実務手順から需
　要予測・統計解析まで』日本能率協会マネジメントセンター、2004年。
高田博和・上田隆穂・奥瀬喜之・内田　学『マーケティングリサーチ入門』PHP研
　究所、2008年。
ナレシュ・K. マルホトラ『マーケティング・リサーチの理論と実践―理論編』（日
　本マーケティング・リサーチ協会監修、小林和夫監訳）同友館、2006年。

次に読んで欲しい本

田中　洋編著、リサーチ・ナレッジ研究会著『課題解決！　マーケティング・リ
　サーチ入門』ダイヤモンド社、2010年。
谷岡一郎『データはウソをつく―科学的な社会調査の方法』筑摩書房、2007年。
デイビッド・A. アーカー、ジョージ・S. デイ『マーケティング・リサーチ―企業
　と公組織の意思決定』（石井淳蔵・野中郁次郎訳）白桃書房、1981年。

第**5**章

グラフ

第1章
第2章
第3章
第4章
第5章
第6章
第7章
第8章
第9章
第10章
第11章
第12章
第13章
第14章
第15章

1 はじめに

　グラフとは、マーケティング分析に使われる数値データの情報を、わかりやすく表現するための1つの手段である。皆さんも、さまざまなレポートやプレゼンテーションに、いろいろな種類のカラフルなグラフ表現が使われているのを目にするだろう。ただし、マーケティング分析において、グラフが役立つ場面は、最終的な報告書だけではない。むしろ、統計処理の前段階として、データを整理し、その特徴を理解する時に、グラフ表現は非常に役に立つのである。

　マーケティング調査によって収集された定量データは、グラフで表現することによって、データの特性（増減など）や、複数のデータ間の関係（相関関係など）を、視覚的に捉えることができるようになる。例えば、データがどのように分布しているのかを知りたいのなら、平均値や分散を計算するのと同時に、ヒストグラムを描いて分布状態を見れば、より多くの情報を読みとれるだろう。また、ある商品の売上と価格の関係のように、2つの変数の関係を、散布図を描いて表現することで、そこに隠れた特定のパターンを発見できるかもしれない。

　そのため、実際にグラフを描いてみることは、データの集計において、欠かすことのできないステップとなる。グラフを描いて、データがどのような特徴を持っているのか、どのような傾向が読み取られるのか、を判断することで、その後に用いる統計的分析の手法も変わってくる。

　そこで本章では、マーケティング分析において活用される、さまざまな種類のグラフとそれぞれの特徴について理解し、そこからどのようにデータのパターンを読み取っていくのか、を理解していこう。また、データ全体の傾向を把握する単純集計だけではなく、より詳細な分析を行うための、クロス集計表とそのグラフ表現についても確認していきたい。

2 グラフの種類と描き方

　新聞を広げてみると、そこにはさまざまなグラフが使われているだろう。市場のシェアを表す円グラフや、輸出額の推移を表す折れ線グラフなど、このようにグラ

フと一言でいっても、さまざまな種類がある。一体、どのような場合に、どのグラフを用いればよいのだろうか？

　集計したデータをグラフ化するには、方眼紙等に手書きで描く場合もあるが、Excelのような表計算ソフトを使えば、さまざまな種類のグラフを簡単に描くことができる。ただ、そもそも分析目的やデータ特性に応じて、適切なグラフ表現を選ぶことができなければ、グラフから有用な情報を読み取ることは難しい。

　グラフの種類は、基本的には、「何を分析するのか」、「グラフによって何を表現したいのか」、に応じて決められる。例えば、値の大小を並べて比較するには「棒グラフ」、構成比を示すには「円グラフ」や「帯グラフ」、値の推移を示すには「折れ線グラフ」、2種類の数値の関係を示すには「散布図」というように、目的に応じてふさわしいグラフを用いる必要がある。以下では、分析目的に応じてグラフを選ぶことができるよう、グラフの種類とそれぞれの特徴について理解していこう。

❖ 値の大小を比較する―「棒グラフ」

　「棒グラフ」は、値の大きさ・差異・変化量を、棒の長さで表したグラフである。例えば、2020年のアイスクリームの種類別販売金額は、**図5-1**のように棒グラフを描くと比較がしやすい。棒が伸びる方向は、水平方向と垂直方向の両方がありうるが、棒どうしの間には間隔をあけることが一般的なルールだ。垂直方向の棒グラフの場合には、横軸にはデータ単位が、縦軸にはその値の大きさが示される。たとえデータの値がいずれも大きく、例えばすべて50以上である場合でも、縦軸の原点は、原則的に50ではなく0から始めなければならない。縦軸を省略して表現

【図5-1　棒グラフの例】

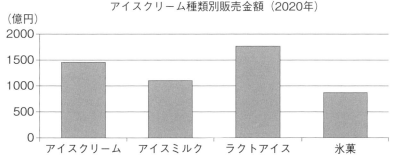

【写真5-1　ハーゲンダッツのアイスクリーム】

写真提供：ハーゲンダッツジャパン株式会社

すると、不適切にデータ間の差が大きい印象を与えてしまい、値の大きさを正しく比較できない恐れがあるためだ。

　棒グラフは、値を並べて大小比較するために用いられるので、一般的に、棒の配列が高い順に並ぶように描かれる。ただし、目的に応じて、データ単位のID順に並べることも考えられるし、横軸が時間軸ならば、推移を見るために経時的に並べる場合もある。

　棒グラフの特殊形としては、3次元の棒グラフや、棒の代わりに小さな絵や記号の個数や大きさでデータ値を表す「絵グラフ」などがある。また、後述する「ヒストグラム」も、棒グラフの一種と位置づけられることが多い（詳しくは、Column 5-2を参照）。

❖ データの傾向や推移を表す─「折れ線グラフ」

　「折れ線グラフ」は、傾向や推移（時間に伴う変化）を表すのに適したグラフである。折れ線グラフでは、まず元になる一連のデータの値を点で示し、それらの点を折れ線で結んで、線の傾斜の上がり・下がりによって、値の変化を示す。例えば、時系列データや年齢区分ごとのデータのように、特定の順番に応じて値が変化するデータ（「系列データ」と呼ばれる）は、折れ線グラフで表現するとよい。例えば、先ほどのアイスクリームの出荷高の2011〜2020年の変化は、**図5-2**のような折れ線グラフを描いて表すことができる。

　折れ線グラフでは、同じグラフ上に複数の折れ線を重ねて描くこともできるため、

Column 5 - 1

測定尺度に基づくデータの種類

　マーケティング調査では、測定のために「名義尺度」、「順序尺度」、「間隔尺度」、「比率尺度」の4つの尺度が用いられる。分析の際には、こうした尺度の違いに注意を払う必要がある。

　「名義尺度」は、対象を識別するための尺度である。例えば、属性の回答項目には、「1＝男　2＝女」のように、数字が割り当てられる場合があるが、この数字はカテゴリー識別のための便宜的なものであり、順序や間隔などの意味は全く持っていない。

　「順序尺度」は、対象の順序や大小関係を表すための尺度である。数字は、カテゴリー間の関係を表すが、目盛り間隔の意味を持たない。例えば、缶コーヒーのブランドをいくつか提示して、好きな順番を答えてもらう場合などは、数値が少ないほど好ましいブランドであることを意味するが、1位のブランドと2位のブランドの選好の違いの程度はわからない。

　名義尺度と順序尺度は、いずれも、数字が目盛り間隔の意味を持っていないため、平均などの統計処理が意味をなさない「カテゴリカルデータ」である。したがって集計では、最頻値、中央値を求めたり、各カテゴリーに属する対象の度数を調べたりすることが中心となる。グラフ表現では、各カテゴリーの構成比が円グラフや帯グラフによって表されたり、度数の分布がヒストグラムで表される。

　これに対して、間隔尺度と比率尺度は、それぞれ加減や、平均、分散、相関係数の算出等のさまざまな統計処理が可能であるため、「メトリックデータ」と呼ばれる。

　「間隔尺度」は、間隔や程度の違いを表すための尺度である。例えば、満足度について、「①不満、②やや不満、③どちらともいえない、④やや満足、⑤満足」の5段階で回答してもらう場合には、数値は対象の順序を表し、かつ目盛り間隔の差は等しいと仮定されている。

　「比例尺度」は、間隔尺度の性質に加え、数字に比例関係がある尺度である。重さ、長さ、金額、数量などの数値、マーケティング分析においては、年齢、年収、居住期間などの回答者の属性に関する数値等は比例尺度である。比例尺度と間隔尺度の違いは、絶対原点を持つかどうか、すなわち、0が「何もない」ことを意味するかどうかだ。例えば、重さが0というのは「重さがない」ことを意味するため、重さは比例尺度である。これに対して、温度が0というのは、「温度がない」ことを意味するわけではないため、温度は間隔尺度である。

これらメトリックデータには、多様なグラフ表現が適用できるが、特に分布を
見る場合には、箱ひげ図を描くこと、あるいは、最小値から最大値までの値域を
適切な区間範囲（階級）に分割し、各階級に含まれる度数を数えて、ヒストグラ
ムを描くことが有効である。

【図5-2　折れ線グラフの例】

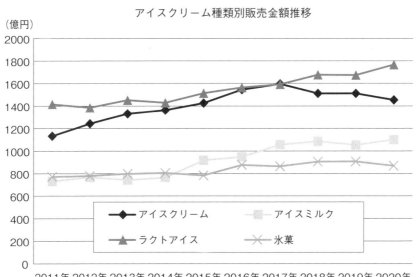

異なる系列データを同時比較しやすいという利点もある。その場合には、識別がし
やすいように、データ系列ごとに、線の種類や色を変えて描くことが基本である。
　折れ線グラフにおいても、棒グラフと同様に、縦軸を省略してはならない。さら
に折れ線グラフの場合は、横軸の目盛りの取り方にも注意が必要である。線の傾斜
から変化の大小を読むグラフであるため、目盛りの間隔を狭くとって傾斜を急に見
せるのと、広く取って傾斜を緩やかに見せるのとでは、同じデータでも、全く異な
る印象を与えてしまう恐れがあるためだ。

❖ 2種類のデータの関係を表す—「散布図」

　「散布図」は、例えば、日ごとの最高気温と飲料の売上のように、各観察単位に
ついて求められている、2種類の数値（X、Y）の大きさを、それぞれ横軸と縦軸

【図 5 - 3　散布図の例】

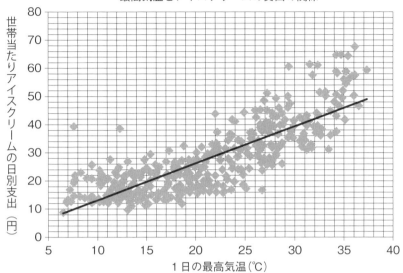

最高気温とアイスクリームの支出の関係

（縦軸）世帯当たりアイスクリームの日別支出（円）
（横軸）1日の最高気温（℃）

第5章

に対応させ、ＸＹ座標上に、個々のデータを点でプロットしたグラフである。散布図で表すことで、データの分布範囲を理解し、ＸとＹの値にどのような関係（相関）があるか、想定することができる。例えば、**図 5 - 3** では、横軸Ｘの値（1日の最高気温）が大きくなればなるほど、縦軸Ｙの値（世帯当たりのアイスクリームの支出）も大きくなっている。こうした傾向がある場合は、2つの変数の間に、「正の相関」があるといえる。逆に、横軸Ｘの値が大きくなるほど、縦軸Ｙの値は小さくなる傾向がある場合は、「負の相関」がある、ＸとＹの値に明確な関係が見られない場合は、「無相関」だ、と判断できるのである（相関分析については、第7章を参照）。

❖ 構成比を表すグラフ―「円グラフ」、「帯グラフ」

マーケティング分析で用いるデータの多くは、データ値の大きさよりも構成比をグラフに表すことが多い。例えば、「ある新製品Ａを買いたいと思うかどうか」を、サンプルの消費者300人に尋ねた調査の分析結果では、「買いたい」と答えた実際の人数（＝度数）よりも、300人中何割の人が「買いたい」と回答したか（＝構

成比）、の方がより重要である。こうした構成比のグラフ表現には、「円グラフ」または「帯グラフ」が一般的に用いられる。

⑴ 円グラフ

「円グラフ」は、360°の丸い図形を、内訳の構成比に対応した大きさの扇形に分割して、表現したグラフである。パイを切り分ける様子に似ているため、パイグラフとも呼ばれる。マーケティング分析では、市場シェアや、調査サンプルの属性ごとの構成比等が、円グラフを使って示されることが多い。例えば、**図5－4**の円グラフは、2020年度のアイスクリーム形態別販売金額の構成比を表している。

円グラフを描く時には、時計の12時の方向からスタートして、時計まわりに、構成比の大きいデータから順番に分割していく。分割するデータの項目は、多すぎて見づらくならない程度の数におさめた方がよい。

【図5－4　円グラフの例】

アイスクリーム形態別販売金額 構成比（2020年度）

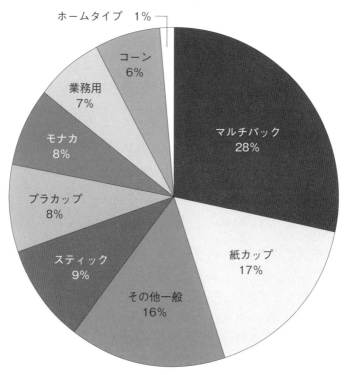

⑵　帯グラフ

「帯グラフ」は、長さ100の横向きの棒を区切って、比率を表現したグラフである。例えば、図5-5は、アイスクリームの各形態の販売金額構成比の推移を示す帯グラフである。また、「そう思わない・あまりそう思わない・どちらとも言えない・ややそう思う・そう思う」といった、回答区分の構成比も、帯グラフで表せば、それぞれの回答を選択した人数の比率がわかりやすくなる。

描く時には、帯の区切りごとに色や模様を変えて、内訳区分を識別しやすくすることがルールである。また、内訳区分が、なんらかの順序を持っている場合には、その順に並べ、色・模様の濃淡もその順番に対応させる。例えば、「そう思う」から「そう思わない」までを順番に並べて、「そう思う」と「そう思わない」の両極に異なる色・模様を与えた上で、「あまりそう思わない・ややそう思う」にやや淡い色・模様を与え、「どちらともいえない」を模様なしとする、などの工夫をすると、グラフが見やすくなる。

⑶　円グラフと帯グラフの使い分け

いずれも構成比を表すグラフ表現ではあるが、帯グラフの場合は、複数の帯グラフを作成し、揃えて並べることで、グループ間の構成比の違いや、各年の構成比の変化を容易に見比べることができる（そのため、第4節で述べるように、「クロス集計表」のグラフ表現にも適している）。これに対して、円グラフの場合は、複数

【写真5-2　さまざまなアイスクリームの形態】

写真提供：ハーゲンダッツジャパン株式会社

【図5‐5　帯グラフの例】

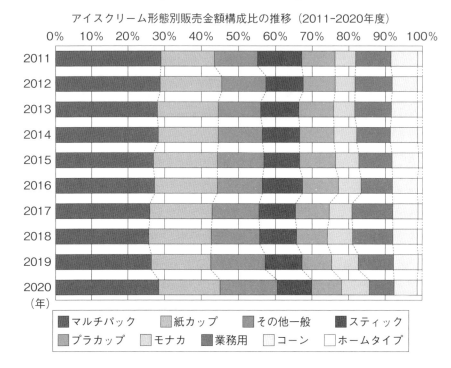

アイスクリーム形態別販売金額構成比の推移（2011-2020年度）

の円グラフを並べても、対応関係がわかりにくい。したがって、グループ間の情報を対比する方法としては、円グラフよりも帯グラフの方が適していると言える。

❖ データのばらつきを表すグラフ—「ヒストグラム」、「箱ひげ図」

⑴　ヒストグラム（度数分布図）

「ヒストグラム」は、ばらつきのあるデータの分布状態を表現するのに適したグラフである。

　ヒストグラムを描くには、「度数分布表」を作成する。カテゴリカルデータの場合は、それぞれのカテゴリーに含まれるデータ数、さらに連続量のメトリックデータの場合も、値域を適当な区間に分割し、それぞれの区間範囲（「階級」と呼ばれる）に含まれるデータ数（「度数」と呼ばれる）を数えて表にしたものを、度数分布表という（**図5‐6**参照）。

【図5‑6　度数分布表とヒストグラムの例】

アイスクリーム新製品に対する購入意図
度数分布表

アイスクリーム新製品に対する購入意図
ヒストグラム

Q. あなたはこの製品を買いたいですか？

階級	回答項目	度数
1	買いたい	69
2	やや買いたい	272
3	どちらともいえない	278
4	あまり買いたくない	79
5	買いたくない	22

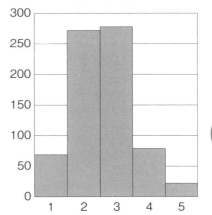

第5章

「ヒストグラム」は、度数分布表を縦の棒状グラフで表したものである。棒の高さは、それぞれの区間範囲に含まれるデータの個数を示している。ヒストグラムを描き、一連の棒の高さを見ることで、どの範囲にデータが集中しており、どの程度ばらつきがあるのか、を視覚的に理解することができる。

⑵　**箱ひげ図（ボックスプロット）**

「箱ひげ図」も、ヒストグラムと同様に、ばらつきのあるデータの分布状態を表現するのに、適したグラフである。箱ひげ図という名は、中央の「箱」とその両側の「ひげ」で表現されるグラフであるためだ。

箱ひげ図を描く時には、まず、グラフに表現するデータの、「中央値」（データを最小値から最大値まで並べた時、ちょうど真ん中の値）、「最小値」、「最大値」、「第1四分点」（最小値から25％の位置にある値）、「第3四分点」（最小値から75％の位置にある値）といった統計量が必要になる。

一般的に、箱ひげ図の「箱」は、第1四分点から第3四分点を両端とし、箱の中心にデータの中央値を表す線がくるように描かれる。箱の両側に伸びる「ひげ」の両端には、データの最小値と最大値をそれぞれ割り当てる。Excel2016では「グラフの挿入」メニューから箱ひげ図を描くことができる。ただし最大値（最小値）が第3四分位より大きい（小さい）場合は外れ値（特異点）とみなされ、それ以外の値がひげの両端となる（**図5‑7**参照）。また、箱の中には✕印で平均も表され

【図5－7　箱ひげ図の例】

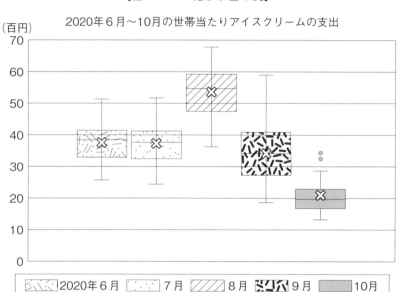

ヒストグラムと箱ひげ図は、いずれも、データの分布状態を視覚的にとらえるために、考え出されたグラフ表現である。マーケティング分析でも、回答の傾向を見るために、特に、度数分布表とヒストグラムは多く用いられる。例えば、集計を行い、回答の平均値を求めることは役に立つが、平均値が３であることは、必ずしもほとんどの人が３だと回答していることを意味しない。回答が１と５に分かれている場合に、平均値が３になることもありうるためだ。ヒストグラムを描くことで、はじめて、こうした分布の形状を含めて、データの特性を理解することができる。一方、箱ひげ図の場合は、並べて描くことによって、複数のグループや変数間での分布を、容易に比較できるという利点があり、２種類のグラフ表現を、分析の目的に応じて使い分けるべきである。

（3）　ヒストグラムと箱ひげ図の使い分け

Column 5 - 2

ヒストグラムと棒グラフの違い

　この章では、「棒グラフ」と「ヒストグラム」という2種類のグラフを紹介した。どちらもデータを、一見してよく似た棒状のグラフによって表すため、ヒストグラムも、棒グラフの一種と位置づけられることが多いが、基本的に両者は、全く異なるグラフ表現だと考えるべきである。ここでは、棒グラフとヒストグラムの違いについて、より詳しく確認しよう。

　まず、本章でも説明した通り、2つのグラフは基本的に異なる分析目的のために用いられる。棒グラフは、例えば、ある製品の販売個数のような、特定の値の大きさを、棒の長さで表すために用いられるのに対し、ヒストグラムは、例えば、それぞれの回答カテゴリーに該当する人数のような、カテゴリーの度数が、全体としてどのように分布しているのかを表すために用いられる。

　さらに、グラフの描き方にもいくつかの違いがある。①棒グラフの場合は、棒の向きは垂直方向と水平方向の両方がありうるが、ヒストグラムは垂直方向の棒で表される。②棒グラフでは、棒同士を離して描かれるが、ヒストグラムの場合は棒を隣の棒と接するように描かれる。③棒グラフは、各データ値の大きさを「棒の長さ」によって表すが、ヒストグラムは、分布しているデータの度数を「棒の面積」によって表す。そのため、④棒グラフでは、棒の幅は均一であるのに対して、ヒストグラムの場合は、対応する区間の幅に応じて異なる。例えば、ヒストグラムを描く際には、分布の形状を自然に見せるために、度数の少ない箇所は区間範囲を広くとることがあるが、その場合には棒の幅もそれに応じて広くなる。

　以上のことから、棒グラフとヒストグラムは、全く異なるグラフ表現であると考えるべきであり、適切に使い分ける必要がある。

3 グラフをどう読むか

❖ グラフから傾向を読む

　これまで見てきたように、グラフ表現を活用することで、マーケティング分析の
データから、データのさまざまな特徴や、特定のパターンを見出すことができる。
ここでは、グラフからデータの特徴を読み解く上での、いくつかのポイントについ
て確認していこう。

　まず、データの傾向をわかりやすく表すための方法には、大きく分けて2つある。
隣り合うデータを「折れ線」で結ぶ方法と、データ全体を見渡して「傾向線」を書
く方法である。

(1)　データを「折れ線」で結ぶ

　まず、折れ線グラフがそうであるように、データを折れ線で結ぶことで、全体の
傾向がつかみやすくなる。折れ線グラフは、時間や年齢区分にともなうデータの推
移を折れ線で結ぶことによって、視覚的に理解しやすくしたものだ。

　ただし、季節変動や個々の値のばらつきによって、折れ線の傾斜が大きく上下し
てしまう場合には、全体としての傾向が読みにくくなる。そのような場合には、
データ値をそのまま使うのではなく、各データ値に前後のデータ値を合わせた「移
動平均」の値をプロットし、折れ線で結ぶとよい。

　例えば、本来のデータのひとつ前の値とひとつ後ろの値を合わせた、3つのデー
タの平均値である「三点移動平均」を使うことで、折れ線グラフの凸凹はよりス
ムーズになり、傾向が読みやすくなる。他にも、個々の変動がより大きいデータの
場合は、前後5つのデータの平均値の「五点移動平均」も用いられる。また、季節
変動が大きいデータならば、連続した12ヶ月の移動平均を適用することによって、
季節変動による影響を調整することができる。

(2)　データに「傾向線」を描く

　散布図の場合は、ＸＹ座標上にそれぞれの値をプロットし、それらの「傾向線」
を描くことで、2つのデータ値ＸとＹとの関係が見えやすくなる。例えば、図5-
3（69頁）には、傾向線として右上がりの直線が引かれている。

　Xの値の変化に伴いYの値がどう変化するのかは、後の章で紹介される、統計的手法を使って確認することができる。ただし、統計的手法は、傾向線の形状（直線的関係にあるのか、Yの変化の大きさがXとともに漸増する指数曲線のような関係にあるのかなど）について何らかの想定をおいた上で、はじめて適用することができる。そのため、統計的手法を使うのに先立って、散布図に描かれたデータの散布状態から、分析者が、XとYの関係のモデルを想定する必要があるのである。また、傾向線がどの範囲のデータに適合するのかを判断するためにも、散布図を描いて観察することが有効である。Excelを使って散布図を描く場合には、「近似曲線の追加」というメニューで、形状を選択し、簡単に傾向線を描くことができる。

❖ 外れ値を検出する

　データの中に、それ以外と比べて飛び離れて大きい（小さい）値が混じっている場合、その値は「外れ値」と呼ばれる。例えば図5‐7の2020年10月の箱ひげ図には2つの外れ値（特異点）が見てとれる。分析データをグラフで表現することは、こうした外れ値の存在を見つけることにも役立つ。

　ただし、発見された外れ値を、分析上どのように扱うか、を決定することは難しい。外れ値が、入力ミス等の何らかの誤りによって生じた異常な値、すなわち「異常値」ならば、分析対象から外すべきだろう。しかし、外れ値が常に異常値であるとは限らない。もし異常値でない場合には、外れ値が発生した原因を慎重に考えることで、逆に新たな仮説や視点が得られる可能性がある。

　一般的には、異常値を識別することは必要だが容易ではないため、グラフ表現では、元のデータをありのままに図示するべきであるとされる。

4　クロス集計表の利用

❖ 単純集計とクロス集計

　マーケティング分析において、最も基本的な集計は、「単純集計」である。単純集計の目的は、調査票の全質問について、回答選択肢ごとの回答件数（度数）やそ

の比率を集計したり、全体の平均値や分散を求めることで、全体の回答傾向を把握することにある。これまでのグラフ表現においても、単純集計データを前提に説明してきた。

　ただし、次のステップとして、全体の回答数や傾向だけではなく、その中の異なるグループごとに、調査結果がどのように異なるのか、が検討される。例えば、性別や年齢といった回答者の基本属性によって、回答傾向は異なるかもしれないし、質問Ａの回答傾向と質問Ｂの回答傾向には、なんらかの関係があるかもしれない。こうした関係を明らかにするためには、鍵となる質問項目と、分析するために必要な軸（分析項目）とを組み合わせた、「クロス集計」を行うことで、より詳細な分析が行われる。

❖ クロス集計表の描き方

　クロス集計表では、基本的に、表の左側、すなわち表側に、検討を行う各質問項目を配置し、表の上側、すなわち表頭には、分析軸となる項目が配置される。マーケティング分析において、表頭の分析項目には、回答者の基本属性（例えば、性別、年齢、世帯人数、年収など）に加え、調査票の特定の質問項目を設定して、表側項目との関連性を確認することもできる（「質問間クロス」と呼ばれる）。例えば、製品の全体評価（表側項目）に対して、「機能」「デザイン」「価格」等の個別評価項目（表頭項目）をクロスすれば、どの項目がどの程度、全体評価に影響を与えているかを判断することができる。

　また、質問項目Ａ（例えば、ある製品についての広告の認知）と質問項目Ｂ（例えば、ある製品についての購入意図）の間に何らかの関係が想定される場合、関係の有無を確認するためにも、クロス集計表は有効である。結果の説明事項と考えられる事項（質問項目Ａ）を表頭項目に、結果（質問項目Ｂ）を表側項目に設定し、クロス集計表を描いた時に、広告を見たグループとそうでないグループの間で購入意図に差があれば、想定は正しいと考えられる。また、クロス集計表から読み取られたグループ間の差が本当にあると言えるかどうかは、「χ^2検定」を行うことで、確認することができる（χ^2検定については、第８章を参照）。

❖❖ クロス集計表のグラフ表現

クロス集計表をグラフで表現するためには、第2節で取り上げた「帯グラフ」や、「レーダーチャート」が適している。

⑴　帯グラフ

例えば、**図5 - 8**のように、属性区分ごとの回答について、帯グラフを作成し、複数列記すると、属性による違いを読み取ることができる。どの属性区分でも、内訳区分の模様と配列順とを同じにすると、属性別の違いが比較しやすくなる。さらに、内訳区分の区切り位置を線で結ぶことで、変化がより見やすくなる。この線の間隔が広がっていれば、構成比が大きくなった、間隔が狭くなっていれば、構成比が小さくなった、と読むことができる。

第5章

【図5 - 8　クロス集計表と帯グラフの例】

アイスクリーム新製品に対する購入意図（人）クロス表

回答項目	20代	30代	40代	50代	計
買いたい	10	15	14	18	57
やや買いたい	54	55	51	56	216
どちらともいえない	55	76	47	59	237
あまり買いたくない	27	25	15	6	73
買いたくない	10	5	2	3	20

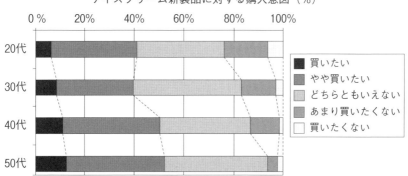

アイスクリーム新製品に対する購入意図（%）

⑵　レーダーチャート（風配図）

　「レーダーチャート」は、3つ以上の評価値を含むデータ（「多成分データ」と呼ばれる）を表現する場合に、各評価値のバランスを、多角形の形状で表すグラフ表現である。例えば、ある製品の特徴を6つの評価基準で見る場合には、各成分に対応する目盛り軸6本を放射状に描き、それぞれの軸上にそれぞれの評価値に対応する点を示し、線で結んだ六角形として表現する。他にも、**図5-9**のように、月ごとの値の推移から1年間のパターンを読む場合などには、1年間のパターンを多角形の「形」として視覚的に理解することができる。富士山頂のレーダーで観測された雲量を示すために使われていたことから、レーダーチャートと呼ばれている。

【図5-9　レーダーチャートの例】

世帯当たりのアイスクリームの購入頻度（2020年）

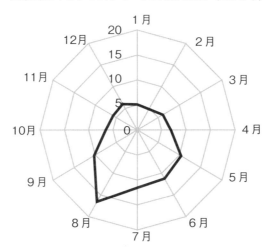

5　おわりに

　本章では、グラフ表現を活用することによって、マーケティング分析において用いるデータの性質を、視覚的に理解しやすくなることを確認してきた。グラフ表現は、他の人にデータの特性をわかりやすく伝えるために用いられるだけでなく、統計的手法の前段階や、さらに結果を解釈する段階において、自分自身がデータからさまざまな角度で情報を読み解き、正しい理解を導くために、不可欠な役割を果た

すものである。

❓考えてみよう

1．棒グラフとヒストグラムには、どのような関係があるだろうか。それぞれ、ど
　のようなデータの分析に適しているかを説明してください。
2．総務省統計局の「家計調査」のデータを利用して、特定の品目に対する支出が、
　都道府県ごとにどのように異なっているのかを、棒グラフで表してみよう。
3．同様に、特定の品目に対する支出の月別の変化を、折れ線グラフとレーダー
　チャートを使って、それぞれ表してみよう。

第5章

参考文献

上田尚一『統計グラフのウラ・オモテ―初歩から学ぶ、グラフの「読み書き」』講
　談社ブルーバックス、2005年。
内田　治『グラフ活用の技術―データの分析からプレゼンテーションまで』PHP研
　究所、2005年。
上田拓治『マーケティングリサーチの論理と技法（第4版）』日本評論社、2010年。

次に読んで欲しい本

高田博和・上田隆穂・奥瀬喜之・内田　学『マーケティングリサーチ入門』PHP研
　究所、2008年。
ダレル・ハフ（高木秀玄訳）『統計でウソをつく法―数式を使わない統計学入門』
　講談社、1968年。
谷岡一郎『「社会調査」のウソ―リサーチ・リテラシーのすすめ』文春新書、2000
　年。

第 **6** 章

平均と標準偏差

第1章
第2章
第3章
第4章
第5章
第6章
第7章
第8章
第9章
第10章
第11章
第12章
第13章
第14章
第15章

1 はじめに

　関東のとある地域にセキガクスーパーという食品スーパーのチェーンがあるとする。このスーパーは、関東地方に複数店舗展開しており、業績は概ね好調である。しかし最近、Ａ店でＸブランドのヨーグルトの売れ残りが目立つようになり、Ａ店の店長はどうしたものかと頭を悩ませている。

　なぜかというと、ヨーグルトのようないわゆる「日配品」と呼ばれている商品は、消費期限も短く頻繁に仕入れを行わないといけないが、売れ残りが極力出ないよう仕入数量にはとりわけ気をつけなければならないからだ。売れ残りは廃棄しなければならず、廃棄すればそのぶん仕入れにかかったお金を回収できなくなってしまう。つまり、廃棄したぶんだけ赤字が発生するということだ。Ｘブランドのヨーグルトで赤字が出てしまえばそれだけお店の利益に影響するし、自分の給料にひびくかもしれない。そこで、店長はどうやったらＸブランドのヨーグルトが売れ残らないようになるのかを考えた。そして、「まずはＸブランドのヨーグルトがだいたいどれくらい売れているのか、また売上にどのような傾向があるのかを把握し、その上で、仕入の数を調整すればよい」と判断した。

　このようなケースでは、いろいろな統計的手法を使ったデータ分析で売上や販売

【写真６‐１　スーパーの店内】

店舗の許諾を得たうえで筆者撮影

数量、売上傾向などを把握するのが有効である。それによってより効果的な仕入れや店頭でのプロモーション（サンプルやクーポンを配るなど）を行うことができるからだ。そこでこの章では、データ分析のなかでも基本的な平均と標準偏差についてみていくことにする。より複雑な分析手法についてはこの後の章を見て欲しい。なお、直観的な理解ができるよう、本章ではすべて架空の企業および架空のブランド名を用い、売上個数など使っている数字も意図的に小さくしている。

2 平　　均

◈ 平均とは

平均という言葉自体はイメージしやすい。例えば「あるクラス30人の英語テストの平均点は60.5点だった」と言えば、この60.5という数字が平均であることは誰もがわかるだろう。しかし、平均の定義は何かというとぴったり当てはまるものがなかなか思い浮かばない。

平均の定義にはいろいろな表現がある。例えば、「セットとなったデータの値（X）をすべて加え、データの数（N）で割ったもの」という定義がある。また、「個々の変数の値の総和をデータ数で割ったもの」とも定義されている。このように、平均の定義は人によって表現がさまざまであるが、これらを総じて見ると、平

【表6‐1　セキガクスーパーA店におけるXブランド・ヨーグルトの売上個数】

曜　日	売上個数
日	63
月	39
火	28
水	35
木	34
金	36
土	45

均とは「あるデータを合計し、それをデータの個数で割った値」と定義できる。通常、平均は以下のような計算式で表すことができる。

　　平均＝データの合計÷データの個数

　では、冒頭のセキガクスーパーを例に、平均を計算してみよう。**表6－1**は、セキガクスーパーA店におけるXブランド・ヨーグルトのある1週間での売上個数である。ここから1日当たりの平均売上個数は以下のように計算できる。

　　平均＝データの合計÷データの個数
　　1日あたりの平均売上個数＝1週間の売上個数の合計÷1週間（7日）
　　　　　　　　　　　　　　＝(63＋39＋28＋35＋34＋36＋45)÷7
　　　　　　　　　　　　　　＝40個

　このように、セキガクスーパーA店では、Xブランド・ヨーグルトが1日当たり平均40個売れたことがわかる。セキガクスーパーA店は、平均売上個数を参考に仕入数量を決めればよい。

❖ 平均のいろいろな使われ方

　平均はいろいろなところで使われている。例えば「日経平均株価」といえば、東京証券取引所第一部（東証一部とよくいう）に上場している2,184銘柄（2021年12月現在）のうち225銘柄の株価を平均したものであるし、日本人の豊かさを表す1つの指標として平均年収というものがよく使われる。このように、平均はわたしたちの生活に身近なものであるし、マーケティング分析においても基本的な指標の1つとなる。例えば、あるサービスの価格を決めるときは、そのサービスに対して平均いくら使われているかなどを参考にする。また、企業が頻繁に行う顧客満足度調査でも、はじめに顧客満足度の平均を見ることが多い。

　なお、平均はよく代表値（つまりデータを代表する値）のなかで一番よく用いられるものである。またここで紹介した平均は算術平均と呼ばれる、最も目にする機会が多いものである（Column6－1を参照）。

Column 6 - 1

いろいろな平均と代表値

　この章で紹介した以外にもいろいろな平均と代表値がある。主なものを紹介しよう。

（1）加重平均

　各データに重み（ウェイト）をつけて計算した平均を加重平均という。例えば、**表6-2**のように3つの商品の平均価格を計算する場合、売上個数を考慮せず単純に3つの商品の価格を合計して3で割ったのでは、平均価格を正確に計算できない。この場合、価格に売上個数を乗じて合計金額を計算してから売上個数の合計で割る。具体的には以下のように計算する。

【表6-2　価格と売上個数】

	価　　格	売上数個
商品A	100円	80個
商品B	80円	100個
商品C	40円	100個

　　加重平均＝{(100×80)＋(80×100)＋(40×100)}÷280
　　　　　　≒71円

　加重平均はいろいろなところで使われている。例えば、ニュースでよく見かける東証株価指数（TOPIX）は加重平均で計算している（ちなみに日経平均株価は225銘柄を単純平均している）。また、消費者物価指数も加重平均により計算しているが、それは個々の商品の物価水準が異なるためである。

　平均については、算術平均や加重平均の他にも、幾何平均（データを乗じて平方根をとったもの）や調和平均（逆数の算術平均の逆数をとったもの）などがある。幾何平均は成長率、調和平均は速度などでよく用いられる。

（2）中央値、最頻値

　データを小さい方から順に並べてちょうど真ん中にくる値を中央値（メジアン）という。例えば、買物客5人の買物金額が800円、1,000円、1,200円、1,400円、1,500円である場合、中央値は1,200円である（平均は1,180円）。平均は極端に小さな値や大きな値（外れ値）の影響を受けやすいため、そのような場合は中央値を代表値として用いた方が適切である。またデータの中で最大の度

数を持つ値（いちばん数が多い値）を最頻値（モード）という。例えば、50円から300円のチョコレートが売られているとして、もっとも多く売れたチョコレートが180円のものであれば、180円が最頻値となる。

　このようにひとことで平均といってもいろいろな種類の平均があり、代表値にもさまざまなものがある。目的に応じて使い分けるといいだろう。

3　分散と標準偏差

❖ 平均を見るだけで本当にいいのか

　平均が便利な指標で、マーケティング分析における基本になることは前節で説明した。ここで話をセキガクスーパーに戻そう。

　平均を計算することで、セキガクスーパーA店におけるXブランドのヨーグルトの曜日当たり売上個数がわかった。これを参考に1日の仕入個数を決めればいいのであるが、ちょっと待って欲しい。実は、平均を見ただけでは仕入個数を決めることはできない。再び表6‐1を見てもらいたい。曜日によって売上個数にばらつきがあることがすぐにわかるだろう。仮に平均売上個数の40個を毎日仕入れ、売れ残りはすべて廃棄するとした場合、土曜日は仕入れた数すべて売り切ることができるが、火曜日は12個売れ残ってしまい、逆に日曜日は23個足りなくなってしまう（図6‐1）。売れ残りは仕入額を回収できないことでロスになってしまうが、品不足も販売機会を逃してしまうことで同じくロスである。つまり平均だけを見て仕入数量を決めるのはあまり良くないということだ。そこで、違う指標を見る必要が出てくる。分散と標準偏差である。

❖ 分散と標準偏差

　それではセキガクスーパーの例を使いながら分散と標準偏差について理解していこう。分散と標準偏差を計算するときは、まずは偏差という値を計算することから始めることになっている。なぜかというと、分散も標準偏差もデータのばらつき度

【図6－1　平均だけで仕入れを決めるのはキケン】

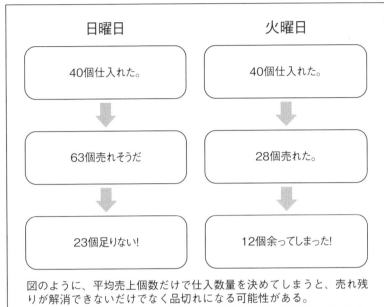

図のように、平均売上個数だけで仕入数量を決めてしまうと、売れ残りが解消できないだけでなく品切れになる可能性がある。

合いを示す指標なので、計算するときはまず平均から個々のデータがどれくらい離れているかを表す偏差を求めるのが一番よいからだ（それ以上の説明は、より詳しい統計学の教科書にお任せするとしよう）。偏差は、各データが平均からどれくらい離れているかを表す数値なので、データの値から平均値を引くことで求めることができる。

　　偏差＝データの値－平均値

　表6－1から偏差を求めると**表6－3**のようになる。なお、データが平均よりも大きければ偏差はプラスに、平均よりも小さければ偏差はマイナスになる。

　偏差は、各データが平均からどれくらい離れているかを示す数値なので、各データがもつ特性であると考えることができる。表6－3を見ると、火曜日は偏差がマイナス12と平均売上個数からの差が最も大きいので、「火曜日はXブランドのヨーグルトが最も売れない日」ということになる。これは、火曜日という曜日の持つ1つの特性である。このことからさらに次のようなことが考えられる。偏差が各データの個性を表すとすれば、偏差を合計すれば、データ全体の持つ特性がわかる。

【表6‐3　売上個数と偏差】

曜　　日	売上個数	平　　均	偏　　差
日	63	40	23
月	39	40	-1
火	28	40	-12
水	35	40	-5
木	34	40	-6
金	36	40	-4
土	45	40	5

　ところが、ここで困ったことが起こる。試しに表6‐3の偏差をすべて足し合わせてみて欲しい。偏差の合計はゼロになったのではないだろうか。実は、偏差には合計するとゼロになるという性質がある。偏差は各データが平均からプラスマイナスでどれだけ離れているかを表す数値なので、それらをすべて足し合わせると、プラスマイナスの差が打ち消し合ってしまうからだ。先に分散と標準偏差を求めるときには最初に偏差を計算すると書いたが、偏差の合計がゼロになってしまうとそれ以上話は進まない。そこで、足し合わせてもゼロにならないよう、偏差に何らかの手を加えることになる。一般的には、偏差を2乗して足し合わせる。これを2乗和（または平方和）という。偏差の2乗和を計算すると次のようになる。

$$
\begin{aligned}
\text{偏差の2乗和} &= \text{偏差の2乗の合計}\\
&= (\text{データ}-\text{平均})^2\text{の合計}\\
&= (63-40)^2+(39-40)^2+(28-40)^2+(35-40)^2\\
&\quad +(34-40)^2+(36-40)^2+(45-40)^2\\
&= 776
\end{aligned}
$$

　偏差の2乗和を計算することで、ゼロになることなく偏差を足し合わせることができた。この数値が大きいほど、データのばらつき度合いが大きいと言える。ところが、ここでまた問題が発生する。偏差の2乗和をそのまま用いると、数が大きくなってしまうということである。長すぎるロープが扱いにくいと同じように、大き過ぎる数は扱いにくい。本章の例はスーパー1店舗における1週間の売上個数で、しかも直観的に理解できるよう、意図的に数字を小さくしているので偏差の2乗和

の値も小さいが、実際にマーケティング・データを扱うとこのような小さな値には通常ならない。そこで今度は、偏差の2乗和をデータの個数で割ってみる。このようにして求められた値を分散という。分散は、以下の計算式で求めることができる。

分散＝$\{($データ－平均$)^2\}$ の合計÷データの個数

分散の意味を『大辞泉』（小学館）という辞典で調べてみると、「物事がばらばらに分かれ散ること」と出てくる。したがって分散は、まさにデータのばらつき度合いを表す指標である。数値例を使って理解を深めよう。

先ほど偏差の2乗和を計算したので、それをそのまま7（1週間分）で割れば分散を計算できる。しかし理解を深めるため、あえてはじめから計算し直そう。先に書いたように、分散は次の計算式で求めることができる。

分散＝$\{($データ－平均$)^2\}$ の合計÷データの個数

これをセキガクスーパーの例に当てはめると次のようになる。

$$分散＝\{(63-40)^2+(39-40)^2+(28-40)^2+(35-40)^2+(34-40)^2$$
$$+(36-40)^2+(45-40)^2\}÷7$$
$$≒110.86$$

これで分散を求めることができた。分散という値はいろいろな統計に利用できるためたいへん便利である。しかし分散をそのままばらつき度合いを示す値として用いるのはちょっと具合が悪い。第1に、偏差の2乗和よりは小さくなったが、分散も数が大きいため、そのまま利用するのはあまり便利でないということである。表6-3を見ると、偏差はマイナス12からプラス23の値になっているから、分散をそのままばらつき度合いを判断する指標として用いることはあまりうまくないということがわかるだろう。第2に、偏差を2乗しているため、分散のままでは単位が変わってしまう。つまり、元データの単位は「売上個数」であるのに対して、分散は「売上個数^2」となっているのである。これでピンとこない場合は、長さで考えてみるといいだろう。「㎝」の場合、分散では単位が「㎠」となる。単位が「長さ」から「面積」に変わっているのがわかるだろう。そこで単位をもとに戻す作業が必要になる。つまり2乗をはずすということになるのだが、どうやるのか。そう、分散のルート（平方根）をとればよい。分散の平方根をとることで、単位を元に戻すことができる。この値を標準偏差という。

標準偏差＝√分散

セキガクスーパーの数値例に当てはめて標準偏差を計算すると次のようになる。

標準偏差＝√111

　　　　≒10.53

　ここまでの話をまとめると、セキガクスーパーＡ店におけるＸブランド・ヨーグルトの、ある１週間の曜日当たり平均売上個数は40個、分散は約111、標準偏差は約10.5となる。前に書いたとおり、分散および標準偏差は、その数値が大きいほどばらつき度合いも大きいことを示している。逆に、ばらつき度合いが小さいほど分散と標準偏差の値も小さい。極端な話、Ｘブランドのヨーグルトが毎日同じ数売れれば、分散と標準偏差は０になる（現実にはあり得ない話だが）。標準偏差の大小を判断するための客観的基準はないが、数値例を見ると、この１週間におけるＸブランド・ヨーグルトの売上は曜日によってある程度ばらつきがあるだろうと考えることができる。平均と標準偏差を参考に、このスーパーはＸブランド・ヨーグルトの仕入数量を決めればよい。

❖ 標準偏差はこんなに役立つ

　標準偏差を用いると次のようなこともわかる。**表6-4**は、セキガクスーパーＡ店におけるＸブランド・ヨーグルトのある１ヶ月の売上個数を、週および曜日ごとにまとめたものである。表6-4を見ると、先の例と同様、ヨーグルトがよく売れる曜日もあればあまり売れない曜日もあることだけでなく、同じ曜日でもよく売れた週があればあまり売れなかった週もあることがわかる。標準偏差を使えば、１週間

【表6-4　ある１ヶ月におけるＸブランド・ヨーグルトの売上個数】

		日	月	火	水	木	金	土
売上個数	第１週	43	30	22	24	26	32	40
	第２週	63	39	28	35	34	36	45
	第３週	54	23	32	33	28	37	45
	第４週	60	28	34	28	32	35	42

【表6‐5 週ごとおよび曜日ごとの平均売上個数、分散、標準偏差】

	平　均 売上個数	分　散	標準偏差
第1週	31	54.57	7.39
第2週	40	110.86	10.53
第3週	36	94.86	9.74
第4週	37	107.71	10.38

	平　均 売上個数	分　散	標準偏差
日	55	58.50	7.65
月	30	33.50	5.79
火	29	21.00	4.58
水	30	18.50	4.30
木	30	10.00	3.16
金	35	3.50	1.87
土	43	4.50	2.12

第6章

における販売数量のばらつきだけでなく、曜日ごとの販売数量のばらつき度合いを把握することができる。数字を使って考えてみよう。

表6‐4から、週ごと（第1週から第4週までの各週、列ごとに計算）および曜日ごと（1ヶ月トータルでの日曜日から土曜日までの各曜日、行ごとに計算）の平均売上個数、分散、標準偏差を計算し、それぞれ別の表にまとめたものが**表6‐5**である。

表6‐5から、第2週がもっとも売上個数にばらつきがあり、第1週はばらつきが小さいことがわかる。また、曜日ごとで見ると日曜日が売上にばらつきが目立ち、逆に金曜日と土曜日は売上個数にあまりばらつきがないことがわかるだろう。これらの数字を参考にすれば、より効率的な仕入れができる。

また、平均と標準偏差は仕入数量以外の決定にも役立つ。再び表6‐5を見て欲しい。第1週は標準偏差がもっとも小さいので、売上個数は比較的安定しているといえる。ところが平均売上個数は1ヶ月のなかで最も少ない。いっぽう曜日ごとの売上個数を見てみると、土日はXブランド・ヨーグルトの売上が比較的多いのに対して、平日はそれほど売れていないことがわかる。特に水曜日から金曜日は標準偏差もあまり大きくないので、Xブランド・ヨーグルトの売れ行きは平日の後半はあまり芳しくないようだ。そこで特売日を設定したりタイムサービスを行ったりして売上を増やすための工夫をしてみようといった考えが出てくる。ところが、特売やタイムサービスは頻繁に行うと顧客がそれに慣れてしまい、特売以外ではその商品を買わなくなってしまう。そこで表6‐5の平均と標準偏差を参考にして、例えば、

特売もしくはタイムサービスを第1週の木曜日に行うといったように、売上が少なく標準偏差も小さい（つまり安定して売れていない）日に売れるための工夫をぶつけるとよい（こういった取り組みのことをセールス・プロモーションという。特に小売業者が実施する場合は小売プロモーションとかインストア・プロモーションなどのいい方をする）。

　このように、平均だけでなく標準偏差も見ることによって、小売業の仕入数量やメーカーの生産個数を決める上でのヒントを得ることができる。また、セールス・プロモーションといったマーケティングにおける意思決定にも役立つ。もちろん、実際の仕入数量や生産数量を決める際には、平均や標準偏差以外の数値も見なければならず、また季節や天気などさまざまな要因も考慮に入れなければならない。しかし、平均と標準偏差は、マーケティングに関する意思決定を行う上で基本的なデータを提供することができるのである。

4 平均と標準偏差の適用例

　ここまではスーパーにおけるヨーグルトの売上個数を例に平均と標準偏差について考えてきた。ここからは他の例を用いながら、平均と標準偏差についてより理解を深めていこう。

　ある水族館では、さらなる来場客数の増加を図るために新たなキャンペーンを始めるにことにした。それは、来場客へ何か「おみやげ」を渡すというものである。

　来場客数を増やすためのキャンペーンを行うことに決めたはいいが、ここでいくつかの問題点が指摘された。それは、「おみやげを何にするのか」ということと「おみやげをいつ配布するのか」ということである。「おみやげ」を何にするかはさておき、おみやげをいつ渡すのかについて水族館のキャンペーン担当者は頭を悩ませた。可能であれば、毎日、全来場客へおみやげを渡したい。しかしそれでは費用がかかり過ぎる。そこで担当者は頭をひねって考えに考えた。結論はこうだ。キャンペーンの目的は来場客数を増やすことにあるのだから、来場客数の最も少ない曜日におみやげを渡すのがいいだろう。そこで、各曜日の平均来場客数を見、かつ標準偏差を見れば、来場客数が少ない日を割り出すことができる。このように考えて、このキャンペーン対象者は水族館の来場客数を調べ、まずは曜日ごとの平均来場客数を調べてみることにした。**表6-6**には、この水族館におけるある1ヶ月の来場

【写真6‐2　水族館】

写真提供：東海大学海洋科学博物館

※写真と本文の内容とは直接の関係はありません。

【表6‐6　ある水族館の1ヶ月の来場客数】

		日	月	火	水	木	金	土
来場客数	第1週	326	283	241	164	215	280	311
	第2週	246	190	160	110	176	201	219
	第3週	312	240	196	162	240	250	301
	第4週	436	283	247	200	257	293	405

単位：10人

客数が示されている。なお、定休日はないものとする。

　表6‐6から、週ごと（第1週から第4週までの各週、行ごとに計算）および曜日ごと（1ヶ月トータルでの日曜日から土曜日までの各曜日、列ごとに計算）の平均来場客数、分散、標準偏差を計算し、それぞれ別の表にまとめたものが**表6‐7**である。

　まず週ごとの平均来場客数と標準偏差を見ると、明らかに第2週は他の週より平均来場客数が少ないことがわかる。また標準偏差も他の3週より小さいことから、第2週は他の週よりもお客さんがなかなか来ない週であることが読み取れるだろう。次に曜日ごとの平均来場客数と標準偏差を見ると、水曜日のみ平均来場客数が

【表6‐7　週ごとおよび曜日ごとの平均来場客数、分散、標準偏差】

	平均来場客数（10人）	分散	標準偏差
第1週	260	2784.00	52.76
第2週	186	1640.29	40.50
第3週	243	2423.14	49.23
第4週	303	6350.57	70.70

	平均来場客数（10人）	分散	標準偏差
日	330	4658.00	68.25
月	249	1468.50	38.32
火	211	1255.50	35.43
水	159	1029.00	32.08
木	222	928.50	30.47
金	256	1251.50	35.38
土	309	4346.00	65.92

【図6‐2　分析結果とマーケティング案】

<マーケティング案>

<分析結果>

第2週
水曜日

がいちばんお客さん
が来ない。

・毎週水曜日
・第2週日〜土曜日
・第2週水曜日

のいずれかにキャンペーンを実施。

⇨来場客数が少ない日の来場客
　を増やす

・水曜日はあきらめる。
・毎週土日、もしくは第2週土日に
　キャンペーンを実施。

⇨土日の来場客数のばらつきを少
　なくすることで全体の来場客数
　を増やす。

いずれをとるか、あるいは図以外の第3の選択肢をとるかは、この水族
館の状況（予算、周辺の環境など）によって決めればよいだろう。

2,000人を割っている。標準偏差も小さいことから、週にかかわらず水曜日はお客
さんがなかなか来てくれない曜日のようだ。また、第4週、および土日は平均来場

客数が最も多いが標準偏差も大きいため曜日あるいは週によって来場客数にばらつきがあるのがわかる。

　これらの数字をもとに、いつキャンペーンを実施すればよいかを考えてみよう。キャンペーンの目的は来場客数を増やすことにあるから、まずは来場客数がもっとも少ない週と曜日を見てみる。そうすると、週では第2週、曜日では水曜日が来場客数が最も少ない。したがって、第2週もしくは水曜日にキャンペーンを実施すればよい。あとはキャンペーンに使える予算を考えて、第2週の1週間か、毎週水曜日か、もしくは第2水曜日にキャンペーンを行えばよいことがわかる。

　しかし次のように考えることもできる。水曜日はもともとお客さんが来ない曜日だから水曜日はあきらめて、来場客数にばらつきのある土日にキャンペーンを行うというものである。その場合は、毎週土日か、もしくは来場客数が少ない第2週の土日にキャンペーンを実施するかを決めればよいだろう（**図6-2**）。

第6章

5 おわりに

　この章では平均と標準偏差について、架空のブランドおよび数値例を使い考えてきた。本章で取り上げた平均と標準偏差の計算のステップをまとめると**図6-3**のようになる。ここで本章の内容をもう一度振り返ろう。まず平均は「あるデータを合計し、それをデータの個数で割った値」であり、平均を計算することはデータ分析の基本の1つである。また分散および標準偏差はどちらも「データのばらつき度合い」を表す数値であり、「各データが平均からどれくらい離れているか」を示す偏差をもとに計算することから、分散と標準偏差はそのデータがもつ特性を示すものと考えることもできる。

　何度も書いているように平均と標準偏差はデータ分析のなかでも最も基本的なものの1つであり、また平均と標準偏差を見ることでいろいろなことがわかる。本章ではスーパーにおける効率的なヨーグルトの仕入れおよびインストア・プロモーションの話に焦点を当て、また水族館における来場客数を増やすためのキャンペーンの話を例に考えてきたが、平均と標準偏差はもちろん小売業やサービス業におけるマーケティングだけでなく、メーカーのマーケティングにも使える（少し触れたが、顧客満足度調査など）。

　最後に若干の注意点を書いておこう。本章を読めば気づくかもしれないが、平均

【図6－3　平均と標準偏差の計算のステップ】

1．データを合計する

2．データの個数で割る（平均の計算）

3．データと平均との差を計算する（偏差の計算）

4．偏差を2乗してデータの個数で割る（分散の計算）

5．分散の平方根をとる（標準偏差の計算）

6．以上の計算で、データの平均とばらつき度合い（標準偏差）がわかる

は極端に大きな値が存在するとそれだけで大きくなってしまうし、逆に極端に小さな値があるとそれだけで平均は小さくなってしまう。このような値を外れ値という。平均は外れ値の影響を受けやすいため、計算するときはこの外れ値に注意する必要がある（その他の注意点についてはColumn 6－2を参照）。

？考えてみよう

1．表6－4から、表6－5のように分散と標準偏差が計算できることを確かめてみよう。同様に、表6－6から、表6－7のように分散と標準偏差が計算できることを確かめてみよう。

2．表6－6と表6－7からどのようなマーケティング戦略をとることができるのかを考えてみよう。

3．新聞や雑誌などから興味のあるデータを見つけ、平均と標準偏差を計算して分析し、そこから何が読み取れるのかを考えてみよう。

Column 6 - 2

平均の落とし穴

　本章における説明から、平均売上個数を知ればＸブランド・ヨーグルトの仕入数量だけでなく、プロモーションなどマーケティングに役立てることもできることが理解できたと思う。仕入数量の調整だけでなく、Ｘブランドのヨーグルトがそもそも売れない商品であれば、仕入れをやめることも１つの選択肢である。また、単にセキガクスーパーＡ店の売り方が悪いのであれば、タイムサービスなど売れるための努力をすればいい。

　売れない商品なのか、それとも売り方が悪いのかを判断するためには、Ａ店だけでなく他店舗におけるＸブランド・ヨーグルトの売れ行きと比べる必要があるだろう。仮にＢ店と比べることにする。もしＢ店でもＸブランド・ヨーグルトの売れ行きが悪ければ、不人気商品だということだから、仕入数量を減らすか仕入れ自体をやめればよい。もしＢ店で売れ行きが良ければ、Ａ店はＸブランドのヨーグルトがもっと売れるための工夫をすればよいということになる。

　このように、２つの店舗の平均売上個数を比べれば、よりマーケティングの決定に役立てることができる。ところがここで１つ問題が起こる。例えばＡ店におけるＸブランド・ヨーグルトの１日当たりの平均売上個数が40個で、Ｂ店におけるそれは60個だったとする。この数字だけを見ると、Ｂ店の方が売れ行きは良く、Ａ店はやはりＸブランドが売れるための工夫をしなければならないと結論づけるだろう。しかし本当にそういえるのだろうか。実は、売れ数を集計した期間はたまたまＢ店の方が売れ行きは良くて、他の期間はＡ店の方が売れている可能性がある。平均を見ただけではそこまでわからない。

　このように、平均をそのまま比較することはあまり良くない。たとえ見た目の平均の差が大きかったとしてもだ。平均の大小差が本当にあるのかどうかを確かめるためには統計的検定というものが必要になる。詳しくは第Ⅲ部で学んでほしい。

第6章

参考文献

アイリーン・マグネロ、ボリン・Ｖ・ルーン『マンガ統計学入門─学びたい人のための最短コース』（神永正博監訳、井口耕二訳）講談社、2010年。

小島寛之『完全独習　統計学入門』ダイヤモンド社、2006年。

田中勝人『基礎コース　統計学』新世社、1998年。

涌井良幸『ゼロからのサイエンス　統計解析がわかった！』日本実業出版社、2008
　　年。

次に読んで欲しい本 ●

小島寛之『完全独習　統計学入門』ダイヤモンド社、2006年。
藤本　壱『Excelでできるらくらく統計解析　Windows用 Excel2019/2016/2013/
　　2010&Office365対応版』自由国民社、2019年。

第 III 部

マーケティング分析の方法

第 **7** 章

相関分析

第1章
第2章
第3章
第4章
第5章
第6章
第7章
第8章
第9章
第10章
第11章
第12章
第13章
第14章
第15章

1 はじめに

　あるスーパーで５名の消費者が１ヶ月間に購買した金額を調査すると、**表7‐1**に示したようなデータを得ることができた。このようなデータは、「購買金額」という１変数のデータであるが、こうしたデータの性質は、度数分布表の作成や最大値、最小値、平均値、分散、標準偏差などといった基本統計量を算出することで知ることができる。ここでは、５名の消費者の１ヶ月間の平均購入金額は、最大25,000円、最小6,000円、平均値が13,800円などという数値を得ることができる。同様に、同じ店舗で同じ５名の消費者について、１ヶ月間に来店した頻度（「来店頻度」という１変数データ）を調査すると**表7‐2**に示したようなデータが得られた。これからも、５名の消費者が、１ヶ月間に最大７回、最小１回、平均3.4回の来店頻度であることなどがわかる。表7‐1と表7‐2に示したデータおよびそこから算出された基本統計量は、個々に有益なデータであるが、**表7‐3**に示したように、この２つのデータを合体すると何がわかるだろうか。

　表7‐3からは、「１ヶ月間の購入金額が大きい消費者は、やはり数多く来店している（来店頻度が高い）傾向があるのではと考えられる。しかし、消費者Bさんは、１ヶ月間にたった一度の来店によって、12,000円の購買を行っている。果たして、直感的に感じた傾向は、本当に正しいのであろうか。

　このようなケースにおいて有効な分析手法が、「相関分析」と呼ばれる方法であ

【表7‐1　あるスーパーでの１ヶ月の購入金額】

	変数1 購買金額（¥）
Aさん	25,000
Bさん	12,000
Cさん	8,000
Dさん	18,000
Eさん	6,000

【表7‐2　あるスーパーへの１ヶ月の来店頻度】

	変数2 来店頻度（回）
Aさん	7
Bさん	1
Cさん	3
Dさん	5
Eさん	2

【表7 - 3　あるスーパーでの１ヶ月の購入金額と来店頻度】

	変数１ 購買金額（¥）	変数２ 来店頻度（回）
Ａさん	25,000	7
Ｂさん	12,000	1
Ｃさん	8,000	3
Ｄさん	18,000	5
Ｅさん	6,000	2

【写真7 - 1　スーパーでの買い物】

筆者撮影

る。表7 - 1、表7 - 2の個別データについて分析を行うだけではなく、消費者ご
とに１対１に対応する２つのデータを併せて表7 - 3のような２変数のデータとし
て考えることで、１変数ごとの傾向に加えて、２つの変数間の関連性を調べること
ができるようになるのである。

2　相関分析とは何か

相関分析とは、２つの変数間の関連性を知りたいときに用いられる。先に示した

例のデータを散布図に示すと、**図7－1**のようになる。「購買金額」と「来店頻度」
の２つの変数の間には、右上がりの直線で表すことができる関連性があるように見
える。

　このように、２つの変数間に直線関係で表すことができる関連性があるときに、
２つの変数間には、「相関関係がある」ということができるのである。

　実際に、相関関係を調べるためには、２つの変数間の関連情報を調べる必要があ
る。その指標として代表的なものが、「共分散」とよばれるものである。この共分
散は、「関連性が強いほどその絶対値が大きくなり、関連性が弱いほどその絶対値
が０に近づく」という性質を持っている（共分散は尺度の値が大きければ、関連性
の強弱に関係なく自動的に大きくなる）。

　共分散の持つ、もともとの尺度の大小による影響を取り除いて、関連性の強さだ
けを表現したものを、「相関係数」と呼ぶ。具体的には、共分散を２つの変数の標
準偏差で割って標準化したもので、連続的な変数間では、ピアソンの積率相関係数
と呼ばれる相関係数が用いられる。このように、共分散から求められる「相関係

【図7－1　あるスーパーにおける人の消費者の１ヶ月間の購入金額と来店頻度
　　　　　　のグラフ】

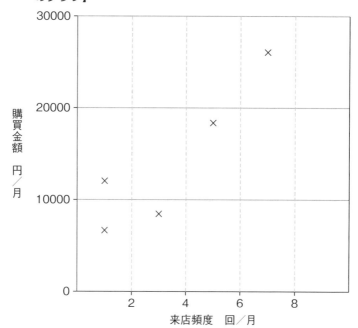

数」が、実際に２つの変数間の相関関係、すなわち直線的関係の有無を我々に示してくれる。

3 相関分析から何がわかるのか

　相関係数は、「１」から「－１」の間の値をとる数値であり、その数値によって**図７－２**の左右の散布図に示したようなデータの分布を示す。

　図７－２の左は「正の相関」がある場合の散布図である。この場合、２つの変数間の関係が、右上がりになっている。すなわち、「一方の変数が大きくなると、それにつれて、もう一方の変数の数値も大きくなる」という関係が成り立つ。一方、右の図は、「負の相関」がある場合の散布図である。この場合、２つの変数間の関係は、右下がりとなり、「一方の変数が大きくなると、それにつれて、もう一方の変数の数値は小さくなる」という関係が成り立つ。

　図７－３は、ここで示される相関係数がどのような相関関係を示すものかを表したものである。－１から１の間の数を取りうる相関係数は、「１」に近づくほど、それが示す正の相関関係は強くなり、逆に相関係数が、「－１」に近づくほど、それが示す負の相関関係が強くなる。

　相関係数の大きさの違いは、散布図上では、**図７－４**に示したような違いを示す。図７－４は、０を含むさまざまな正の相関係数を持つデータの散布図を示したもの

【図７－２　正の相関関係と負の相関関係】

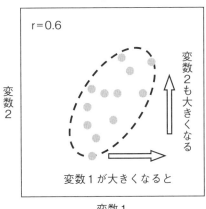
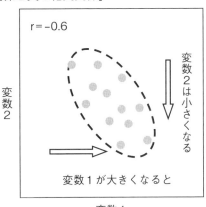

【図7‐3　相関係数と相関関係】

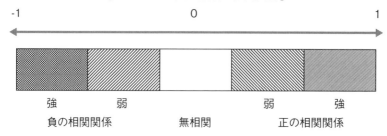

【図7‐4　相関関係の強さと相関係数】

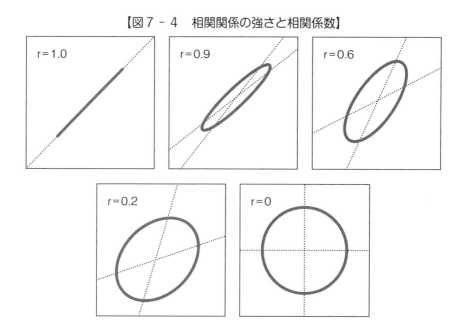

　で、太線、あるいは楕円、円で囲った領域がサンプルの存在する部分を表している。上段の３つの散布図は、正の相関関係が相対的に強い場合、下段左側の散布図は、正の相関が相対的に弱い場合のデータ分布を示している。一方、下段右の散布図は、相関のない状態（無相関）の場合のデータの分布を示したものである。

　このように、２変数のデータを収集した場合、散布図にてその分布を確認すること、および相関係数を算出することによって、２つの変数間の関連性に関する分析を行うことが可能になる。

　これまで説明してきたように、相関分析は、２つの変数間の直線的関係の強さを

【表７－４　相関マトリクス】

	変数１	変数２	変数３	変数４	変数５
変数１	1	.726**	.628**	.401**	.532**
変数２	.726**	1	.685**	.454**	.755**
変数３	.628**	.685**	1	.655**	.700**
変数４	.401**	.454**	.655**	1	.562**
変数５	.532**	.755**	.700**	.562**	1

*. 相関係数は１％水準で有意（両側）である。

説明するためのものであるが、３つ以上の変数間の相関係数を一度に表した表を、「相関マトリクス」と呼ぶ。**図７－４**は、５つの変数間の相関マトリクスの例である。ここでは、２つの変数間の関係だけではなく、すべての２変数間の相関関係の有無、強さを一覧することができる。この表からは、複数の変数間の関係を同時に見ることができるだけではなく、表７－４の例の５つの変数のように、お互いの相関関係が多数認められる変数を使う際には、変数間に共通する因子が潜んでいる可能性を示唆してくれる場合がある。

4 相関分析で気をつけること

これまで記したように、相関分析は、２つの変数間の関連性のうち、２変数間の直線的関係の有無を分析する上で有用な手段であるが、気をつけなければならない点もある。

❖ ① 散布図でデータの分布を必ず確認すること

収集したデータの中には、異常値や他のデータとは傾向の異なるデータが含まれる場合がある。例えば、先に表７－３で示した「あるスーパーでの１ヶ月の購入金額と来店頻度」（105頁）のデータにおいて、Ｂさんは、一度の来店で、12,000円の買い物を行っている。他の４人の消費者が、来店一度当たり3,000円～6,000円程度の購買をしているのに比較して、明らかに傾向が異なる。この場合には、こ

【図7－5　層別分析の必要なデータ】

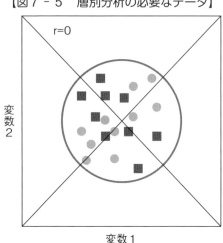

のデータを含めて分析を行ったとしても、来店頻度と購入金額の2つの変数の相関関係の分析結果に大きな影響はない（5％水準で有意な0.895の相関係数が観測される）が、もし、Bさんの購入金額が、一度の来店頻度で、20,000円であったならば、その結果は大きく異なるものになる（5％水準では有意な相関係数は求められない）。

　少ない頻度の来店でも、一度に多額の購買を行った消費者と、来店頻度は高いものの一度の購買金額が少ない消費者は、来店の目的や購買品目も大きく異なることが考えられ、店舗に求められるマーケティング戦略も異なる可能性が考えられる。データを収集して数値としてのデータを見るだけではなく、散布図等を参考にして、実際に「データを感じる」ことが必要となるのである。

　次に、例えば、**図7－5**に示したデータは、●印と■印のデータの集合体であるが、これらすべてのデータを区別することなく、その相関係数を一括して算出すると、ｒ＝0に近似される結果となる。しかし、●印と■印の2種類のデータを区別し、層別の分析を試みた場合には、●印のデータ群には、正の相関が、■印のデータには、負の相関が認められる。このようなケースで、一律にすべてのデータを分析した結果、相関関係なしとの結論を出した場合には、重要な傾向を見落としてしまう可能性がある。ここで重要なことは、●印と■印のデータを分割して分析するという論理的な根拠が認められるか否かである。

Column 7 - 1

相関関係と因果関係

　因果関係とは、その言葉が表す通り、「原因」と「結果」の関係のことをいう。例えば、最近、太ってしまったことを気にしている人のことを考えてみよう。「最近太った」ことの原因として「毎晩、就寝直前に夜食を食べ続けてしまった」ことが思い当たった場合、「夜食を食べ過ぎて（原因）、最近太った（結果）」ということができるだろう。このような単純な例では、太った原因が夜食の取りすぎであることは明らかなので、今後、夜食を取りすぎることをやめることで、もうこれ以上太らないようにすることができるだろうが、一般的に因果関係は多段階、かつ複雑に構成されていることが多いため、それを解き明かすことは、それほど簡単ではない。

　最近、よく目にするインターネット広告と、テレビ広告の相乗効果を調べるために、新しいシステムが開発されたというニュースをみてみよう（2010年8月4日の日経産業新聞）。記事では、従来は1時間おきにしか分析のできなかったバナー広告や検索連動型広告のクリック数やキャンペーンサイトの訪問者数などを、1分単位で測定し、分析することが可能になったと書かれている。このデータとテレビ広告の瞬間視聴率を組み合わせることで、両広告の相乗効果が測定できるのだという。注意しなければならないことは、ここでわかるのは、相関関係であって因果関係ではないことである。テレビ広告を見てから、インターネットで検索を行い、検索連動型の広告を見たのか、その逆に、インターネット広告を見たことで、テレビ広告に注目し、視聴したのかは、消費者ごとに、さらにはその場面ごとに異なるものだからである。

　このように、ある2つの事象間において、因果関係が証明されているのであれば、それを根拠に相関関係を主張することは可能だが、その逆は成り立たないのである。すなわち、相関関係があるからといって、因果関係の成立を主張することは簡単ではないということである。

　2つの変数間の共変動（一方の変数が変化すると、それにつれてもう一方の変数も変化する現象）を相関関係と呼ぶべきか、それとも因果関係と呼ぶことができるのかは、慎重に判断する必要があるのだ。一般的に因果関係が成立する条件として、次のような4つの条件があげられている。

① 時間的先行性
② 変数間の結びつきの強さ
③ 関連の普遍性

④　関連の整合性

❖ ②　相関関係は因果関係を表すものではない

　2つの変数間に因果関係があるためには、関連性がなければならないが、関連性があるからといって、必ずしも因果関係があるとは限らない。例えば、8月のある地域で、「アイスクリーム」の日別販売量と「エアコン」の日別販売台数のデータを収集し、2つの変数間に高い相関関係が認められたとする。しかしながら、ここで両変数間に因果関係が存在すると考えるには問題がある。すなわち、「アイスクリームの日別販売量が、エアコンの日別販売台数を規定する」、あるいは、「エアコンの日別販売台数が、アイスクリームの日別販売量を規定する」とは考えられないということである。このことを説明する理論的根拠があって初めて、両者間に因果関係があるということができることに留意しなければならない。

❖ ③　見せかけの相関に注意

　前項にあげた事例において、相関関係があっても、因果関係は存在しないということについて触れた。さらに、この同じアイスクリームの日別販売量とエアコンの日別販売台数の2つの変数間には、「みせかけの相関（あるいは擬似相関）」と呼ばれる関係が隠れている。すなわち、この例における2つの変数が、相関関係を持つことの背後には、当該地域の「気温」という第3の変数の存在が考えられる。すなわち、図7-6に示したように、最高気温が高い日ほど、エアコンの販売台数が増加し、また同時に、最高気温が高い日ほど、アイスクリームの販売量も増加するの

【図7-6　見せかけの相関関係】

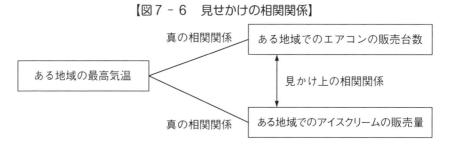

Column 7 - 2

見せかけの相関と偏相関係数

「見せかけの相関関係（擬似相関）とは、本来、相関関係がないはずの2つの変数A、B間に、別の変数Cの影響により、変数Aの値が変化するのに伴って、変数Bの値が変化するという共変動が観測される現象である。この時の、変数Cのことを、「媒介変数」と呼ぶ。本文中にあげた例のほかにも、「企業の売上高」と「企業の管理職数」の関係なども、見せかけの相関といえるだろう。

企業の売上高とその企業の管理職数は、正の相関を示す場合が多いのだが、そのことはすなわち、「売上高が増えると管理職数が増えてくる」、あるいは、「管理職数が増えると売上高が増える」といったことを意味すると考えられるだろうか。この結果から、企業が売上高を増やすために、管理職の数を増やすことに真剣に取り組むとすれば、それは本末転倒である。このような現象が観測される要因として、見せかけの相関の存在が考えられ、そこでは、「企業の従業員数」という媒介変数の存在があげられる。

こうした見せかけの相関関係が存在する場合、変数C（ここでは企業の従業員数）の影響を取り除いた変数Aと変数B（ここでは、「企業の売上高」と「企業の管理職数」）の関連性を評価したものが、「偏相関係数」と呼ばれる統計量である。これは、変数AとBのそれぞれの変動から、変数Cを原因とする部分を取り除くことによって求められる変数AとBの実質的な相関係数であるということができる。ここでは、企業規模が一定である場合に、その企業の売上高と管理職数に相関関係が存在するか否かを示すものとなるのである。

である。エアコンの販売台数とアイスクリームの販売量の間に、直接お互いを規定する正の相関関係が存在していないことを認識することが重要で、当該地域の「最高気温」という第3の変数を分析に包含することが必要となってくる。

❖ ④　無相関は無関係を意味しない

相関分析において、2つの変数間の相関係数を算出したときに、「$r = 0$」（あるいは、相関係数が小さい）という結果がでた場合、両者間には相関関係が存在しない（あるいは、相関関係が弱い）ことが確認される。

では、このことは、2つの変数が全くの無関係であることを意味するのであろう

【図7－7　無相関が、無関係を意味しないケース】

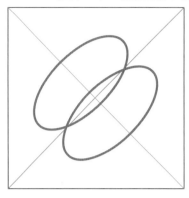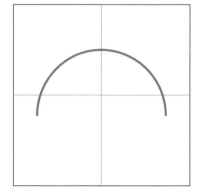

か。先に記したとおり、相関関係とは、2つの変数間に直線で示される関係が存在するか否かを示してくれる。そのことはすなわち、直線関係がないからといって、2つの変数が無関係ではないということに注意する必要がある。**図7－7**には、相関係数が、0もしくは十分に小さいと計算された2種類のデータの散布図を示した（散布図の曲線上にデータがある）。これらのデータにおける2つの変数間で相関係数を算出すると、相関関係はない、あるいは非常に小さいとの結果が得られる。しかしながら、散布図上のデータ分布からは、直線で近似される関連性はないものの、それ以外の何らかの関連性が認められることは明らかである。このように2つの変数が曲線的なデータ分布を示すような場合には、相関係数は、0もしくは、0に近くなることがある。しかし、これらの変数間には明らかに関連性が認められる場合がある。そして、こうした現象は、散布図を描くことによってしか発見されないのである。

5 おわりに

　本章で解説した相関分析とは、1変数のデータ分析から、多変量のデータ分析へと展開する道の入口にある。相関分析が、我々に示してくれる最大の情報は、2変数の直線的関連性の有無である。例えば、「ある店舗での商品Aと商品Bの売上げの関連情報」や「最高気温と商品Cの売上げの関連情報」などといったデータに関連性があるか否かについて、この相関分析が示してくれる結果は、商品の仕入れ、

あるいは、売り場づくりなどさまざまなマーケティング課題を解決するうえでも重要なデータであるということができる。

　しかしながら、こうした2変数のデータ分析、さらにはこれが発展して多変量のデータを分析するにあたっては、1変数のデータを分析する以上に、ややもするとデータの様子が見えなくなる傾向にある。ただやみくもに分析手法だけに頼って、意味のない結果を出すことがないように注意することが必要になってくる。

? 考えてみよう

1．身近なデータの中から、正の相関関係があるもの、負の相関関係があるもの、相関関係はないが、何らかの関連性があるものを探してみよう。
2．相関関係があると考えられるデータにおいて、その変数間の因果関係の有無を考えてみよう。因果関係がないと思われる場合には、その理由を考えてみよう。
3．2つの変数間に、見せかけの相関関係（擬似相関）が生じている例をあげて、その背後にある要因となる第3の変数を示してみよう。

第7章

参考文献 ●

森棟公夫・照井伸彦・中川　満・西埜晴久・黒住英司『統計学（改訂版）』有斐閣、2015年。
刈屋武昭・勝浦正樹『統計学（第2版）』東洋経済新報社、2008年。
永田　靖『統計的方法のしくみ』日科技連出版社、1996年。
土田昭司『社会調査のためのデータ分析入門』有斐閣、1994年。

次に読んで欲しい本 ●

高田博和・上田隆穂・奥瀬喜之・内田　学『マーケティングリサーチ入門』PHP研究所、2008年。
池尾恭一・井上哲浩『戦略的データマイニング』日経BP、2008年。

第1章
第2章
第3章
第4章
第5章
第6章
第7章
第8章
第9章
第10章
第11章
第12章
第13章
第14章
第15章

第8章

χ^2 検定

1 はじめに

　サッカーやテニスなどの球技では、コイントスによってボールの支配権などを決めることがある。こうしたことが行われるのは、コインの表と裏が出る割合が50%ずつと想定されているからである。では、あるコインを10回投げた時に表が8回で裏が2回出たとしたら、これは偶然と考えられるのだろうか。それともコインがいびつだと考えるべきなのだろうか。あるいはさまざまな地域に出店しているショッピングモールを想像してみよう。各モールの来店客を合計すると、60%が女性で40%が男性であるという。しかしながら、ある特定のモールの来店客1万人を見てみると、女性が5,500人、男性が4,500人であった。このモールでは男性の来店客が比較的多いと考えて良いのだろうか。それとも大きな差はないと考える方が良いのだろうか。

　割合に注目した問題は他にもある。世論調査では内閣を支持するか支持しないかなどが尋ねられる。例えば、20代1,000人の回答では支持と不支持が50%ずつであったのに対して、40代1,000人の回答では支持が60%で不支持が40%であったとしよう。このとき、世代によって内閣支持率に違いがあると言っていいのだろうか。TVCMなどについても好きか嫌いかを尋ねられることがあるかもしれない。もし、あるTVCMでは男性100名の70%が好きと回答している一方、女性100名の60%が好きと回答したとしよう。このTVCMは、性別によって好感度に違いがあるといっていいのだろうか。

　本章では、こうした割合に関する検定の方法としてχ^2検定について学んでいく。統計的に考えることによって、割合の違いを見るだけではなく、得られた違いに意味があるのかについても検討することができるようになる。

2 χ^2検定の準備

　全体をいくつかのカテゴリーに分類し、割合として把握することは、我々の身の回りでも頻繁に行われる。例えば、ゼミやサークルでは男女比などが求められているのではないだろうか。χ^2検定を簡潔に表すならば、カテゴリーごとのデータ数

【図8 - 1　χ²検定のステップ】

＜独立性検定の場合＞	＜適合度検定の場合＞
1．何らかの割合についてグループ間で差があると考える	1．何らかの割合について理論的に知っていた割合と実際に観察された割合に差があると考える
2．「グループ間で割合に差がない」という仮説（帰無仮説）を立てる	2．「理論的に知っていた割合と実際に観察された割合に差がない」という仮説（帰無仮説）を立てる
3．期待度数と観測度数から χ²値を計算する	3．期待度数と観測度数から χ²値を計算する
4．χ²値が起こる確率を計算する（χ²分布表から判断する）	4．χ²値が起こる確率を計算する（χ²分布表から判断する）
5．確率がきわめて低い ⇒帰無仮説を棄却 （グループ間の割合に差あり） 確率がある程度大きい ⇒帰無仮説が棄却できない （グループ間の割合に差なし）	5．確率がきわめて低い ⇒帰無仮説を棄却 （実際の割合と理論的な割合に差あり） 確率がある程度大きい ⇒帰無仮説が棄却できない （実際の割合と理論的な割合に差なし）

第8章

が予測された割合になっているかを統計的に検討することである。χはギリシャ文字で、「カイ」と読む。χ²検定は、第3章で説明したような仮説検証の手順に基づいて行われる（**図8 - 1**参照）。本章ではまず、χ²検定を行う上で重要な値となる期待度数と観測度数について説明していこう。

　ある大学では、学生の75％が男性で25％が女性であるという。**図8 - 2**を見てみよう。同じ大学でマーケティング論の授業を受講している学生は全体で300名である。このとき、大学全体の男女比にマーケティング論の受講者の男女比も従っていると想定すれば、300名の75％である225名が男性、300名の25％である

【図 8 - 2　マーケティング論受講者の期待度数】

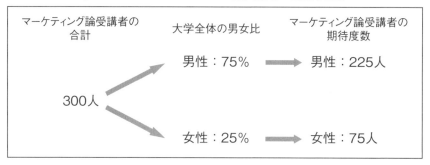

【表 8 - 1　マーケティング論の受講者数】

	男　　　性	女　　　性	合　　　計
観測度数	220	80	300
期待度数	225	75	300

　75名が女性と予想されるだろう。このように、事前に知っている理論的な割合に
よって各カテゴリーに含まれる度数を予想した値を期待度数と呼ぶ。それに対して、
実際に観測された値のことを観測度数と呼ぶ。**表 8 - 1** 内の観測度数とは、実際の
男女別の受講者数を意味している。

　別の例を見てみよう。サッカー日本代表は1998年にワールドカップに初出場し
て以来、2018年まで 6 大会連続での出場を果たしている。この 6 大会を通じて、
本大会に登録されたことのある日本代表選手は90人である。ここで選手達の誕生
月に注目してみよう。2015年に行われた国勢調査によると、当時の15歳〜59歳
男性の人口において、4 〜 9 月生まれと10月〜 3 月生まれは、おおよそ50％ずつ
である。サッカー日本代表選手においても、こうした理論的な割合が当てはまると
すれば、4 〜 9 月生まれと10月〜 3 月生まれの期待度数はそれぞれ45である。そ
れでは実際の人数である観測度数はどうだろうか。**表 8 - 2** を見て欲しい。4 月〜
9 月生まれが58名、10月〜 3 月生まれが32名となっている。4 月〜 9 月生まれ
の選手の方がかなり多いと感じるのではないだろうか。χ^2 検定では、4 月〜 9 月
生まれの選手の方が本当に多いといえるのかを統計的に検討することができる。検
定の方法は後で説明することにして、もう少し期待度数の考え方について見ておこ
う。

【写真8‐1　講義風景】

筆者撮影

【表8‐2　サッカー日本代表ワールドカップ本大会登録選手の生まれ月】

	4月～9月生まれ	10月～3月生まれ	合　　計
観測度数	58	32	90
期待度数	45	45	90

第8章

　上で見てきた期待度数の考え方は、事前に知っている理論的な割合からカテゴリーごとの予想値を導き出していた。しかしながら、期待度数には別の考え方もある。データをクロス集計表にまとめた時のことを考えてみよう。表頭と表側の集計が分かれば、各セルの予想値を導き出すことができる。以下で具体的に見ていこう。

　表8‐3を見てみよう。表8‐1とは別の大学で経営学の授業をとっている受講者が300人いるとしよう。この授業の受講者は1年生と2年生のみであり、それぞれ150名ずついるという。また、性別に注目してみても、男女それぞれ150名ずつとなっている。このような場合の1年生男性の受講者数を予想してみよう。もし、1年生の男女比も全体の男女比と同じであれば、1年生男性の受講者は、1年生全体の50%である75名と予想できるだろう。

　別の数値でも確認しておこう。同じ大学の流通論の授業では受講者が表8‐4のような割合であったとしよう。ここで、3年生男性の受講者数を予想してみよう。受講者全体における男性の割合を見てみると6割である。3年生の受講者70名の

【表8-3　経営学受講者の期待度数】

	男　　性	女　　性	合　　計
1　年　生	75 ←		150
2　年　生	↑		150
合　　計	150	150	300

【表8-4　流通論受講者の期待度数】

	男　　性	女　　性	合　　計
3　年　生	42 ←		70
4　年　生	↑		30
合　　計	60	40	100

6割が男性であると考えれば、3年生男性の受講者は42名と予想されるはずである。

　表8-3と表8-4のように、学年や性別など、各要因における割合がデータ全体の割合と一致していると考えて求められる値のことも期待度数と呼ぶ。

　期待度数について、「事前に知っていた理論的な割合から各カテゴリーに予想される値（表8-1、表8-2）」と「得られたデータ全体の割合から各カテゴリーに予想される値（表8-3、表8-4）」の2つを説明したことを理解しておいて欲しい。後者の期待度数をもとにした検定方法を先に説明していこう。

3 χ^2検定の進め方

❖ 仮説の設定

　表8-5と表8-6は上で扱った講義受講者の観測度数と期待度数を同時に示したものである。

　それぞれの観測度数を見てみると、学年によって男女比が違うため、学年と性別の間に関連性を感じるかもしれない。このような直感が当たっているのかを統計的

【表8‐5　経営学受講者の観測度数と期待度数】

	男　　性	女　　性	合　　計
1 年 生	80 (75)	70 (75)	150
2 年 生	70 (75)	80 (75)	150
合　　計	150	150	300

＊カッコ内は期待度数

【表8‐6　流通論受講者の観測度数と期待度数】

	男　　性	女　　性	合　　計
3 年 生	50 (42)	20 (28)	70
4 年 生	10 (18)	20 (12)	30
合　　計	60	40	100

＊カッコ内は期待度数

第8章

に考えていく際には第3章で学んだ帰無仮説の考え方が用いられるのであった。それぞれの帰無仮説と対立仮説を考えてみると、以下の通りとなるだろう。

＜表8‐5の場合＞
帰無仮説：1年生と2年生の男女比に差がない。
対立仮説：1年生と2年生の男女比に差がある。

＜表8‐6の場合＞
帰無仮説：3年生と4年生の男女比に差がない。
対立仮説：3年生と4年生の男女比に差がある。

ここで重要になってくるのが期待度数の考え方である。期待度数の求め方を振り返ると、学年ごとの男女比が受講者全体の男女比に従うとして求められていた。学年ごとの男女比が受講者全体の男女比に従っていれば、それぞれの学年ごとの男女比には違いが生まれないことに気付いて欲しい。つまり、期待度数は「学年ごとの

男女比に差がない」という帰無仮説の状況を想定した値であると考えられるのだ。

　もし、観測度数と期待度数がズレているのであれば、実際の受講状況と「学年ごとの男女比に違いがない」帰無仮説の状況には一定のズレがあると捉えられる。したがって、観測度数と期待度数のズレの大きさを見ていけば、それぞれの講義の受講者数について、「学年ごとの男女比に違いがない」のかを議論できそうである。

❖ χ^2 値

　それでは、期待度数と観測度数のズレの大きさをどのように扱えばよいかについて考えてみよう。表で発生しているズレを具体的に見てみると、表8－5では各セルで5人、表8－6では各セルで8人発生している。2つの表を比べると、表8－6の方が大きくずれているように感じることだろう。このような直感を適切に評価してくれる指標がχ^2値という値である。

　χ^2値は以下の式で求められる。

　　χ^2値＝［｛（観測度数－期待度数）の二乗｝÷期待度数］の総和

　まず、総和が求められている点に注目し、基本的には観測度数－期待度数という各セルのズレを合計しようと考えられていることを理解して欲しい。ただし、各セルのズレを合計するだけでは、以下のような問題が生じるので、二乗が使われたり、ズレの二乗を期待度数で割ったりしているのである。

①　単純にズレを合計すると、正の値と負の値が打ち消しあってしまう
　　⇒各セルのズレを二乗し、符号を正に揃える
②　ズレの二乗を合計しただけでは、サンプルサイズの影響が大きくなる
　　⇒期待度数で各セルのズレの二乗を割り、値を調整する

　こうして得られた値をχ^2値と呼び、観測度数と期待度数のズレの指標として用いる。期待度数と観測度数のズレが大きくなれば、χ^2値は大きくなり、期待度数と観測度数のズレが小さくなれば、χ^2値も小さくなることを上記の式から確認しておこう。期待度数が「学年ごとの男女比に違いがない」という帰無仮説の想定している状態を表す値だったことを再び思い出せば、我々は、χ^2値を計算することで、観察された状態が帰無仮説の想定している状態とどれだけ離れているのかを検討できるようになったのである。

Column 8 - 1

自 由 度

　χ^2検定を進める上では、「自由度」が重要なポイントの1つとなる。統計学において、自由度とは「自由に動ける変数の数」を意味している。例えば、10個の数字を自由に選んでよいといわれた場合、自由度は10である。しかしながら、平均値が100になるように10個の数字を選ぶよう指示された場合はどうだろう。9個目までの数字は自由に選ぶことができる。しかしながら、10個目の数字はそれまで選んできた数字の平均を考えながら、選択しなくてはならなくなるだろう。この場合、自由度は10−1で9になるのである。

　本文中では、χ^2検定の自由度を求める方法について、独立性検定が（列の項目数−1）×（行の項目数−1）、適合度検定が（カテゴリー数−1）であることを指摘している。χ^2検定で扱われる自由度を考える時には、行の合計や列の合計の数値だけが与えられている数字パズルのようなものを想像してみるとよい。数字パズルの中で、自由に数値を当てはめていいセルの数が自由度である。

　後の章では平均値の検定などが扱われているが、そこでも自由度という言葉が出てくる。ほとんどの場合、「データ数から当該データを用いて求められた平均値の数を引いたもの」が自由度になっているはずだ。これらの自由度について本書では細かく解説しないが、χ^2検定の自由度と似たような考え方から、平均値が先に決まっている場合に自由な値を選ぶことのできる数のことと捉えておこう。このように考えると、10個の数から平均値100を作るには最後の1つで調整しなければならなかったように、平均値につき1つずつ自由のない値があると考えられる。そのため、自由のない値は求められた平均値の数だけ存在しており、「データ数から当該データを用いて求められた平均値の数を引いたもの」が自由度になるのである。

第8章

◈ 自由度と有意水準

　前項で示したχ^2値の計算式に当てはめると、表8−5のχ^2値は1.33、表8−6のχ^2値は12.70となる。これらを意味のある値として捉えていいのかを議論するためには、自由度と有意水準について知っておく必要がある。

　自由度は、あるカテゴリーの数値を決めるために必要なカテゴリー数として捉え

よう。クロス集計表を扱うχ^2検定では、列や行の合計値が既に決まっている際、すべてのセルの値を決めるために最低限必要なセルの数を考えればよい。2×2のクロス集計表では、どこかひとつのセルの値が決まれば、他のセルの値がすべて決まる。したがって、自由度1である。なお、クロス集計表で示されるデータの自由度は、（列の項目数－1）×（行の項目数－1）によって求められることを覚えておこう。表8－5、表8－6の自由度は（2－1）×（2－1）＝1によっても求められるのである。

　なぜ、χ^2値の評価に自由度が必要なのかというと、これまでの統計学の研究から、自由度の大きさに応じてχ^2値の評価も変えなくてはならないことがわかっているからである。自由度が大きいとχ^2値も大きくなりやすく、自由度が小さいとχ^2値も小さくなりやすいため、自由度の違うχ^2値を同じ基準で評価することはできないのである。クロス集計表のセルが多くなれば多くなるほど、ズレの合計が大きくなりやすいことは感覚的にも想像できるだろう。

　自由度が求められれば、計算されたχ^2値がどのくらいの確率で現れるのか、χ^2分布表から読み取ることができる。**表8－7**に示したχ^2分布表を参考にすると、表8－5では、自由度が1でχ^2値が1.33であるため、有意確率0.1の値より小さいことがわかる。その一方、表8－6では、自由度が1でχ^2値が12.70であるため、有意確率0.01の値より大きい。以上の結果が意味しているのは、表8－5のχ^2値が発生する確率は10％以上であり、表8－6のχ^2値が発生する確率は1％以下であるということだ。このような確率を用いた判断を行う際には、10％や5％や1％

【表8－7　χ^2分布表】

		有意確率		
		0.1	0.05	0.01
	1	2.71	3.84	6.63
	2	4.61	5.99	9.21
自	3	6.25	7.81	11.34
由	4	7.78	9.49	13.28
度	5	9.24	11.07	15.09
	⋮	⋮	⋮	⋮

Column 8 - 2

有意水準

　有意水準とは、当該検定量が得られる確率が稀なのか否かを判断する基準のことである。もしこの確率より低い確率であれば、めったに起こらない「意味のある」確率であると見なせる水準なので有意水準と呼ぶと覚えよう。

　本文中では、有意水準を5％に設定し、議論を進めた。有意水準5％とは、帰無仮説に反する現象が5％未満の確率しか起こらないことを示している。有意水準は事前にリサーチャーが決定しておくべきものであるが、マーケティング分析の分野では、伝統的に5％に設定されることが多い（10％や1％に設定されることもある）。

　マーケティング分析や統計学では、10％、5％、1％未満の「めったに起こらないこと」が生まれたのは、単なる偶然ではなく、帰無仮説が間違っていたからである、と考える。そのため、有意水準を下回るような有意確率が得られた場合には、帰無仮説を棄却し、対立仮説を採択するのである。その際、得られた有意水準を用いて、「AとBの関係は○○％水準で有意であった」などと言う。なお、有意水準を10％に設定し、有意確率が0.05以上0.1未満であった場合、「有意傾向である」という表現にとどめ、0.05未満と区別することもあるので注意が必要である。

　論文を読み進める上では、有意水準が$p < 0.01$、$p < 0.05$、$p < 0.1$などと示されていることがある。それぞれ、1％水準で有意、5％水準で有意、10％水準で有意という意味である。また、**、*、†などの表記が用いられることもある。*の記号はアスタリスク、†の記号はダッカーという。基本的にはそれぞれの記号がどのような水準を示しているのかは注が示されているのでそれらを参照すればよいが、通常、**が1％水準で有意、*が5％水準で有意、†が10％水準で有意のことを意味している。また、有意な関係が認められなかった場合には n. s. (not significant) という表記がされることもある。

で一定の線引きが行われる。こうした線引きの基準のことを有意水準という。ここでは5％を有意水準として採用したとしよう。表8-6のχ^2値は有意確率0.05のχ^2値より大きく、めったに得られない値と見なすことができる。このような「めったに起こらないこと」が起きたのは、「3年生と4年生の男女比に差がない」という帰無仮説に無理があったからだと考えよう。そのため、帰無仮説が棄却され、表

８－６の場合においては「３年生と４年生の男女比に差がある」といえるのである。一方、表８－５のχ²値は有意水準の値を満たしていない。得られた値はそれほど珍しいものではなく、帰無仮説に無理があるわけではなさそうである。したがって、帰無仮説は棄却されず、表８－５の場合においては「１年生と２年生の男女比に差がある」とはいえないのである。

　これまで説明してきたようなクロス集計表の表頭と表側の関係を探るような検定は、独立性検定と呼ばれる。表８－５や表８－６では「学年ごとの男女比に差がない」という帰無仮説が検討されていた。こうした「学年ごとの男女比に差がない」という状況は、「学年と性別が影響を与え合わない無関係な間柄である」という状況であることを理解して欲しい。もし学年と性別になんらかの関係があれば、学年ごとの男女比は変わってくるからである。したがって、我々は、χ²検定を進めることで、観察されたデータが「学年と性別が無関係な状態」なのかを検討してきたのである。より一般的な形として考えると、ここまで進めてきた検定は、クロス集計表で表頭と表側にまとめられるような要因間の関連性を探るために「要因間に関連がない」という帰無仮説を検討してきたと言い換えることができる。そのため、要因間の非関連性（＝独立性）を確認する検定という意味を込めて、独立性検定と呼ばれている。

❖ 適合度検定

　これまで独立性検定についての説明をしてきた。ここで、期待度数には別の考え方もあったことを思い返してみよう。表８－１や表８－２で取り上げた「事前に知っていた理論的な割合から各カテゴリーに予想される値」の期待度数である。この期待度数を用いれば、カテゴリーごとの値が事前にわかっていた理論的な割合に従っているかを判断することができる。こうした検定のことを適合度検定と呼ぶ。

　適合度検定も独立性検定と同じ式に当てはめてχ²値を求めることができる。表８－１において、マーケティング論受講者の男女比が大学全体の男女比と一致しているのかを検討してみよう。第３章で学んだ仮説検定の方法に従うと、帰無仮説が「マーケティング論の受講者の男女比と大学全体の男女比に差はない」、対立仮説が「マーケティング論の受講者の男女比と大学全体の男女比に差がある」となる。ここで、期待度数は事前に知っていた理論的な割合から各カテゴリーに予想される値であり、帰無仮説の状態を示す値であることを確認してほしい。したがって、独立

性検定と同様、χ^2値が大きくなればなるほど、観察された状態が帰無仮説の状態から離れていると考えられるのである。

　適合度検定を進めるにあたり、自由度について注意が必要である。適合度検定では（カテゴリー数－1）が自由度になる。合計の値が決まっている際に、あるカテゴリーの値を決めるために必要なカテゴリー数と考えれば納得してもらえるだろう。

　さて、マーケティング論受講者の男女の内訳を示した表8－1において、有意水準を5％とした適合度検定を行ってみよう。自由度は2－1＝1である。表8－1のマーケティング論受講者の男女比についてχ^2値を計算してみると、0.44となる。表8－7のχ^2分布表で確認してみると、有意確率0.05に対応したχ^2値より小さいため、帰無仮説を棄却することはできない。そのため、マーケティング論受講者の男女比と大学全体の男女比との間には違いが認められない。

　その一方、表8－2のサッカー日本代表の生まれ月についても有意水準を5％とした適合度検定を行ってみると、帰無仮説が「サッカー日本代表の出生月の割合と同年代男性全体の出生月の割合に差はない」、対立仮説が「サッカー日本代表の出生月の割合と同年代男性全体の出生月の割合に差がある」となる。χ^2値を計算してみると7.51となり、χ^2分布表から自由度1の有意確率0.05に対応したχ^2値を大きく上回ることがわかる。したがって、ワールドカップ本大会に登録されたことのあるサッカー日本代表選手の生まれ月は、同世代の男性全体における生まれ月の割合と異なっていると考えられる。

4　χ^2検定で何ができるのか

　さて、χ^2検定をどのようにマーケティング分析に生かしていけばいいのだろうか。まず独立性検定の例から検討してみよう。

❖ 独立性検定の例

　清涼飲料Ａのマーケターは、思ったほど売上が芳しくないことに頭を悩ませている。清涼飲料Ａは20代をターゲットとする炭酸飲料であり、強力なライバルであるＢが存在している。店舗の観察や売り場担当者への聞き込みを重ねたところ、清涼飲料Ａの課題は、清涼飲料Ｂに比べて、女性の購入者が少ないことであった。そ

【写真8‐2　調査のイメージ】

写真提供：株式会社マクロミル

【表8‐8　清涼飲料Aと清涼飲料Bの選好度調査結果】

	Aの方が好き	Bの方が好き	合　　計
男　性	82 （75）	68 （75）	150
女　性	118 （125）	132 （125）	250
合　　計	200	200	400

＊カッコ内は期待度数

こで、清涼飲料Aのマーケターはある調査を企画した。ターゲットである20代の消費者に、ブランド名を提示せずに清涼飲料Aと清涼飲料Bを飲んでもらい、どちらの味が好きかを示してもらおうという調査である。

　仮説を考えてみると、帰無仮説は「男性と女性で味の選好に違いはない」、対立仮説は「男性と女性で味の選好に違いがある」となる。帰無仮説が棄却されれば、「男性と女性で味の選好に違いがある」ことになり、性別による味に対する好みの違いが売上に影響を与えていると考えられる。

　調査には男性150名と女性250名が協力してくれ、表8‐8のような結果が得られた。ここで有意水準を5％として、独立性検定を行ってみよう。観測度数と期待度数の値から、χ^2値を計算してみると2.09となる。自由度は（2－1）×（2－1）から1である。得られたχ^2値2.09を表8‐7のχ^2分布表に当てはめてみると、

有意確率0.05のχ^2値より小さい値となっており、「男性と女性で味の選好に違いはない」という帰無仮説は棄却できない。したがって、この調査からは両製品に対する選好の違いは確認できず、清涼飲料Ａが女性からの支持を得られていないのは、味以外の要因の影響が大きいと考えられる。

❖ 適合度検定の例

　独立性検定と同じように、適合度検定についても見てみよう。

　１年前にオープンした飲食店がある。オープン１年での来店客がちょうど１万人であったとしよう。その内訳を見てみると、男性客が6,500人、女性客が3,500人である。そこで、この飲食店では、来店客１万人突破とオープン１周年を記念して、２週間のフェアを企画した。企画の内容は、来店客比率が35％にとどまっている女性客の来店を促すため、女性グループには10％値引きを行うというレディースフェアである。

　２週間後、フェア実施期間の来店客数を見てみると、男性客が300名、女性客が200名で、合計500名であった。ここで、有意水準を５％に設定した適合度検定を用いて、レディースフェアの効果を検討してみよう。

第8章

　仮説を考えてみると、帰無仮説は「フェア期間中と通常期間の来店客の男女比に差はない」、対立仮説は「フェア期間中と通常期間の来店客の男女比に差がある」である。通常期間の来店客の男女比から、フェア期間中の来店客の期待度数を算出してみると**表８－９**のようになる。得られた期待度数と観測度数からχ^2値を計算した結果、5.49であった。自由度は２－１＝１なので、表８－７のχ^2分布表に当てはめてみると、有意確率0.05のχ^2値より大きい値となっている。したがって、帰無仮説「フェア期間中と通常期間の来店客の男女比率に差はない」は棄却され、「フェア期間中と通常期間の来店客の男女比率に差がある」と考えられる。

　こうした分析に基づけば、この飲食店におけるレディースフェアは女性客を引き

【表８－９　レディースフェア中の来店客と期待度数】

	男 性 客	女 性 客	合　　計
観測度数	300	200	500
期待度数	325	175	500

つけることに成功したといえそうである。

5 χ^2 検定で気をつけること

　これまでの説明の中で扱ったクロス集計表は2×2のものであったが、χ^2検定は行や列の多いクロス集計表の分析にも利用できる。χ^2値や自由度の求め方は、表頭や表側が増えても2×2の場合と一緒である。例えば、**表8-10**のような年代別のブランド評価もχ^2検定を用いて分析できるのだ。ただし、2×2より多くのセルを持つクロス集計表の場合、注意すべきことがある。表8-10を例に考えてみよう。

　表8-10のχ^2値を計算してみると、9.85になる。自由度は（3－1）×（3－1）＝4であることから、表8-7のχ^2分布表に当てはめると、表頭と表側に5％水準で有意な関連がある。しかしながら、このχ^2検定だけでは、どのセルの期待度数と観測度数が有意にずれているのかまではわからないことに気をつけて欲しい。例えば、このχ^2検定だけを用いて「40代ではこのブランドを嫌っている人が多い」という結論を出すことはできない。どのセルの期待度数と観測度数が統計的に有意な値でずれているのかはわからないのである。こうした点を検討するためには、残差分析という手順が必要になる。詳細は章末で提示した文献（例えば、田中2006）で学習して欲しい。

　また、サンプルサイズが小さい時には、χ^2検定を用いるべきではないことにも注意が必要である。経験的に、期待度数が5より小さくなってしまうセルが全体の

【表8-10　年代別ブランド評価】

	ブランド評価			
	好　　き	どちらとも言えない	嫌　　い	合　　計
20代	14	8	18	40
30代	9	24	17	50
40代	19	16	25	60
合計	42	48	60	150

20％以上ある場合や度数０のセルがある場合などでは正しく検定できないといわれている。こうした場合には直接確率計算法と呼ばれる別の分析方法を用いたり、集計の視点を変えたり、サンプルサイズを大きくしたりするなどの工夫が必要である。

6 おわりに

　本章ではχ²検定について説明してきた。χ²検定は、カテゴリーごとのデータ数が予測された割合になっているかを統計的に検討することであった。具体的には、予想された期待度数と実際の値である観測度数のズレをもとにχ²値が算出され、検定が進められた。

　χ²検定には大きく分けて、独立性検定と適合度検定があった。独立性検定は、クロス集計表で示すことができるデータについて、表頭と表側に関連があるのかを検討する検定であった。適合度検定は分析者が事前にわかっている理論的な割合と実際の値とを比べ、得られたデータが事前に分かっている理論的な割合と一致しているのかを検討する検定であった。

　マーケティング分析で得られるさまざまなデータにおいては、クロス集計表にまとめられるものが多い。χ²検定を理解し、クロス集計表の分析を実施できることは、効果的なマーケティング分析実現の一助となるだろう。

？考えてみよう

1．独立性検定と適合度検定についてまとめてみよう。
2．独立性検定を用いることを前提に、大学生の学年と関連が生まれそうな要因を考えてみよう。
3．日本人の血液型の割合は、おおよそA：O：B：AB＝４：３：２：１といわれている。あなたの身の回りの人の血液型がこうした割合に基づいているのかについて適合度検定を用いて考えてみよう。

参考文献

大村　平『統計のはなし―基礎・応用・娯楽（改訂版）』日科技連、2002年。
向後千春・冨永敦子『統計学がわかる』技術評論社、2007年。

東京大学教養学部統計学教室編『統計学入門』東京大学出版会、1991年。

次に読んで欲しい本━━━━━━━━━━━━━━━━━━━━━━━━━●

田中　敏『実践心理データ解析—問題の発想・データ処理・論文の作成（改訂版）』
　　新曜社、2006年。

田中　敏・中野博幸『クイックデータアナリシス—10秒でできる実践データ解析
　　法』新曜社、2004年。

藤井良宜『Ｒで学ぶデータサイエンス１　カテゴリカルデータ解析』共立出版、
　　2010年。

第**9**章

t 検 定

第1章
第2章
第3章
第4章
第5章
第6章
第7章
第8章
第9章
第10章
第11章
第12章
第13章
第14章
第15章

1 はじめに

　学力テストの平均点を男子学生と女子学生で比較したり、あるいは健康意識の強さを喫煙者と非喫煙者で比較したりする場合を思い浮かべてほしい。男性／女性あるいは喫煙者／非喫煙者といった２つのグループ間における平均値差を見る場合、その差は偶然なのか、それとも偶然とはいえない意味のある差なのかをどのようにしたら判断できるのだろうか。

　このように、２つのグループの平均値差が意味のあるものなのかどうかを検討する際に用いられる代表的な手法の１つにｔ検定がある。ｔ検定は、２つのグループの平均値を比べて、その差が起こる確率を求めることによって、平均値の差を偶然によるものなのかそれとも意味のあるものなのかを統計的に判断する検定方法である。

　本章では、コンビニエンス・ストアにおける新商品のプロモーションを例にとりながら、ｔ検定について理解を深めていく。なお、３つ以上のサンプルの平均値差を検討する場合には、分散分析という手法が用いられる。分散分析については、第10章において説明する。

2 ｔ検定とは何か

　ｔ検定とは、２つのグループの平均値において、統計的に意味のある差があるかどうかを判断する手法である。ｔ検定は、第３章で説明したような仮説検証の手順に基づいて行われる（**図９－１**参照）。まず、「２つのグループには差がある」と思われる場合、あえて「２つのグループには差がない」という逆の仮説（帰無仮説）を立てる。そうすると、帰無仮説と否定関係にある対立仮説は「２つのグループには差がある」となる。次に、その仮説に基づいてｔという値を計算する。そして、ｔが起こる確率を求め、帰無仮説を棄却するかどうかを決めるのである。もし、確率がきわめて低いならば、グループ間に差がない状況は非常に珍しいことになるため、帰無仮説を棄却し、２つのグループには差があるという対立仮説を支持することになる。一方、確率がある程度大きいならば、帰無仮説を棄却できず、２つのグ

【図9‐1　ｔ検定のステップ】

1．２つのグループには差があると考える

2．「２つのグループには差がない」という仮説（帰無仮説）を立てる

3．ｔ値を計算する
（２つのグループが対応している）対応のあるｔ検定
（２つのグループが対応していない）対応のないｔ検定

4．ｔ値が起こる確率を計算する（ｔ分布表から判断する）

5．確率がきわめて低い場合→帰無仮説を棄却
（グループ間の差あり）
　確率がある程度高い場合→帰無仮説を棄却できない
（グループ間の差なし）

第9章

ループには差があるとはいえないと結論づけられる。

　ｔは比較するグループの特徴に応じて算出方法が異なる。たとえば、薬の服用前と服用後の血液を検査したり、授業前と授業後の試験の点数を比較したりするなどように、同一の人やモノによって２つのサンプルが構成されている場合（対応のあるｔ検定）と、男性と女性や、同じ学校の１組と２組などのように、２つのサンプルの構成が異なる場合（対応のないｔ検定）では、ｔの算出において異なる式が用いられる。対応のあるｔ検定の例と対応のないｔ検定の例について、次節で見ていこう。

3 ｔ検定で何ができるか

❖ 対応のあるｔ検定（対になったグループの平均値の比較）

　コンビニエンス・ストアのチェーンであるセキガク・ストアを経営するサトウさんは、新商品のフロム１チョコレートの売上アップを図るべく、菓子売場でPOP広告を展開することにした（**図９‐２**）。セキガク・ストアの全店舗でPOP広告を展開する前に、まず５店舗でPOP広告を掲示し、掲示する前日と掲示した日の売上個数を比較して、効果を検証することにした。その結果、掲示前と掲示後の売上個数は**表９‐１**のとおりとなった。果たして、POP広告は成果があったと言えるのだろうか。

　本例では、各店舗におけるPOP広告の掲示前と掲示後の売上個数を比較している。このように、同一の人やモノによって２つのサンプルが構成されている場合のｔ検定は、一方のサンプルがそれぞれ対応したもう一方のサンプルを持っていることから、対応のあるｔ検定などと呼ばれている。

　図９‐１で示したｔ検定のステップに基づき、POP広告によって売上がアップしたのかどうか分析してみよう。

　売上個数の差の平均を見ると、POP広告掲示後の方が平均して3.8個ほど売上個

【写真９‐１　実際のPOP広告の例】

写真提供：株式会社ドン・キホーテ

【図9－2　セキガク・ストアにおけるPOP広告】

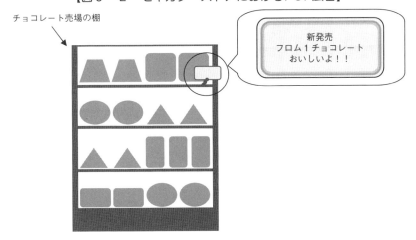

チョコレート売場の棚

新発売
フロム1チョコレート
おいしいよ！！

【表9－1　POP広告掲示前と掲示後の売上個数】

	POP掲示前	POP掲示後
A店	6	8
B店	9	9
C店	7	11
D店	4	12
E店	3	8

第9章

数は多くなっており、POP広告によって売上はアップしていそうである。そこで次に、仮説を設定する。仮説を検証する際には、自分の予想とは矛盾する帰無仮説を立てるのであったから、今回の仮説は以下の通りとなる。

　帰無仮説：POP掲示前とPOP掲示後には、フロム1チョコレートの売上個数
　　　　　　に差はない
　対立仮説：POP掲示前とPOP掲示後には、フロム1チョコレートの売上個数
　　　　　　に差がある

対応のあるt検定では、tは以下の式によって求められる。

$$t = \frac{\text{サンプル差の平均}}{\sqrt{\dfrac{\text{サンプル差の分散}}{\text{サンプル数}-1}}}$$

サンプル差の分散は、以下の式によって求められる。

サンプル差の分散＝サンプル１の分散＋サンプル２の分散－２
×サンプル１・２の共分散

サンプル差の分散は、7.36であり、サンプル差の平均と分散を用いて t を計算すると、以下のようになる。

$$t = \frac{3.8}{\sqrt{\dfrac{7.36}{4}}} = \frac{3.8}{\sqrt{1.84}} = \frac{3.8}{1.36} = 2.80$$

　t は自由度に応じてその分布が変化することがわかっており、対応のある t 検定における自由度は、サンプル数から１を引くことによって求めることができる。したがって、この例における自由度は５－１＝４となる。t の分布を利用して、上で求めた2.80という値が起こる確率を求めてみよう。

　図９-３には、自由度４の t 分布が示されている。t 分布は、正規分布に類似した釣鐘型の形をしており、面積は t の起こる確率を示している。横軸は t を表しており、t が０の時に面積は最大となるようになっている。自由度４の t 分布において、仮説検定の一般的な基準である５％（両側確率）における t は、±2.776となる。計算によって得られた t の絶対値が2.776より大きくなる場合、その t が起こる確率は５％未満であることを意味しており、帰無仮説は棄却されることになる。そのため、この t ＜－2.776、t ＞2.776の範囲は、棄却域と呼ばれている。本事例での t は2.80であり、５％水準での棄却域に入っているため、「POP広告掲示前とPOP広告掲示後には、フロム１チョコレートの売上に差はない」という確率が５％未満であることを意味している。したがって、帰無仮説は棄却され、「POP広告掲示前とPOP広告掲示後にはフロム１チョコレートの売上個数の平均値に差がある」という対立仮説が５％水準で支持される。

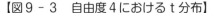

【図9‐3　自由度4におけるt分布】

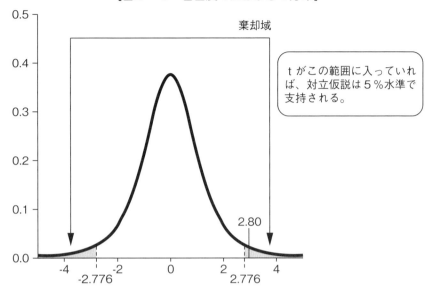

棄却域

tがこの範囲に入っていれ
ば、対立仮説は5％水準で
支持される。

2.80

-2.776　　2.776

❖ 対応のないt検定（独立したグループの差の検定）

第9章

　POP広告による売上個数のアップを確認したサトウさんは、POP広告を展開し
ていない他の店舗と比較した場合でも、売上個数に差があるのかどうかを調べたい
と考えた。**表9‐2**には、POP広告を掲示した店舗と掲示していない店舗におけ
るフロム1チョコレートの売上個数が示されている。果たして、POP広告は成果
があったと言えるのだろうか。

　本例では、POP広告を掲示した店舗と掲示していない店舗を比較している。こ
のように、異なる人やモノによって2つのサンプルが構成されている場合のt検定
は、対応のないt検定などと呼ばれている。

　対応のないt検定についても、一連のステップに基づいてPOP広告を掲示した
店舗と掲示していない店舗の売上個数の平均値差を検討してみよう。

　まず、POP広告を掲示した店舗と掲示していない店舗のフロム1チョコレート
の売上個数の平均値差を考えてみよう。売上個数の平均値差は3.4個であり、どう
やらPOP広告を掲示した店舗と掲示していない店舗では、売上個数に差がありそ
うである。そこで、次の仮説を設定する。POP広告の掲示の有無によってフロム

【表9－2　POP広告の掲示店と非掲示店におけるフロム1チョコレートの売
　　　　上個数】

POP広告掲示店	POP広告非掲示店
8	5
9	7
11	4
12	5
8	10

1チョコレートの売上に開きがありそうだと考えたので、帰無仮説は矛盾関係にあ
る「売上個数に差はない」となっており、対立仮説は「売上個数に差がある」と
なっている。

　　帰無仮説：POP広告を掲示している店舗と掲示していない店舗では、
　　　　　　　フロム1チョコレートの売上個数に差はない
　　対立仮説：POP広告を掲示している店舗と掲示していない店舗では、
　　　　　　　フロム1チョコレートの売上個数に差がある

　対応のない t 検定では、2つのサンプルの母集団分散が等しいかどうかによって
t の算出方法が異なる。そのため、t を計算する前に2つのサンプルの母集団分散
の等しさを確認する必要がある。その場合、F 検定という手法を用いて、「2つの
サンプルの母集団分散は等しい」という帰無仮説が統計的に検討される。ところが、
帰無仮説が棄却されないことを支持されたと解釈するような検定の誤用や F 検定の
後に t 検定を行うという検定を繰り返すことで、結果の解釈に誤解が生じる可能性
が高まる多重性の問題が指摘されている。したがって、母集団が等しいと仮定でき
ない場合に用いられるウェルチ検定という方法を用いて t を計算するのが一般的で
ある。t は以下の式によって求められる。

$$t = \frac{\text{サンプル平均の差}}{\sqrt{\dfrac{\text{サンプル1の分散}}{(\text{サンプル1の数}-1)} + \dfrac{\text{サンプル2の分散}}{(\text{サンプル2の数}-1)}}}$$

　自由度は以下の式によって求められる。

$$\text{自由度} = \cfrac{\left\{ \cfrac{\text{サンプル1の分散}}{(\text{サンプル1の数}-1)} + \cfrac{\text{サンプル2の分散}}{(\text{サンプル2の数}-1)} \right\}^2}{\cfrac{\text{サンプル1の分散}^2}{(\text{サンプル1の数}-1)^3} + \cfrac{\text{サンプル2の分散}^2}{(\text{サンプル2の数}-1)^3}}$$

この例におけるtと自由度は以下のとおりとなる。

$$t = \cfrac{9.6-6.2}{\sqrt{\cfrac{2.64}{(5-1)} + \cfrac{4.56}{(5-1)}}} = 2.53$$

$$\text{自由度} = \cfrac{\left\{ \cfrac{2.64}{(5-1)} + \cfrac{4.56}{(5-1)} \right\}^2}{\cfrac{2.64^2}{(5-1)^3} + \cfrac{4.56^2}{(5-1)^3}} = 7.47$$

自由度は7.47なので、近似値である自由度7におけるt分布を考えてみよう。**表9‐3**には、有意確率と自由度に対応したtが示されている。このt分布表を基に、上で計算したtが有意かどうかを見てみよう。

表9‐3の自由度7のところを見てみると、5％におけるtは2.365である。図

第9章

【表9‐3　t分布表（両側確率）】

自由度＼有意確率	10%	5%	1%
1	6.314	12.706	63.657
2	2.920	4.303	9.925
3	2.353	3.182	5.841
4	2.132	2.776	4.604
5	2.015	2.571	4.032
6	1.943	2.447	3.707
7	1.895	2.365	3.499
8	1.860	2.306	3.355
9	1.833	2.262	3.250
10	1.812	2.228	3.169

9 - 3のt分布のイメージで考えると、自由度7のt分布における5％での棄却域はt＞2.365となる。上で計算したtは2.53であり、5％での棄却域に含まれている。したがって、帰無仮説は棄却され、POP広告を設置している店舗と設置していない店舗では、フロム1チョコレートの売上個数に差があるという対立仮説が5％水準で支持される。

4 t検定で注意すること

t検定を行ううえで注意するべきことは、主に3つある。第1に、分析するデータの種類をきちんと理解しておかなければならない。上で述べたように、t検定は2つのサンプルの平均値を比較する分析手法であった。そのため、分析で用いることのできるデータは、平均値を計算できる間隔尺度か比例尺度に限られ、名義尺度や順序尺度は用いることができない（測定尺度の種類については、**Column 5 - 1**（67ページ）を参照）。なお、順序尺度にも適応可能な分析手法として、ノンパラメトリック検定というものがある（**Column 9 - 1**参照）。

第2に、tの算出において、適切な計算方法を選ぶことに注意しなければならない。第3節で説明したように、サンプルが対応している場合と対応していない場合でtの計算方法が異なっていた。

第3に、t検定の結果は、サンプル間の平均値差の有無を示しているが、必ずしもその差の大きさを意味しているわけではないことに注意するべきである。平均値の差の大きさを表す指標として、効果量dがあり、t検定を行う際には、効果量も合わせて算出し、差の大きさを評価するとよいだろう。

❖ 平均値の差の評価

これまで見てきたように、t検定は、2つのサンプルの差が統計的に見て意味があるのかどうかを判断する検定方法であった。しかしながら、仮に5％水準や1％水準で有意な差があったとしても、必ずしもそれがサンプル平均の差の大きさを意味しているわけではない。実際、サンプル数が多くなるほど有意差が出やすくなることがわかっており、数万といった大サンプルでt検定を行ったときには、ほんのわずかな差でも有意な結果となる場合がある。

Column 9 - 1

ノンパラメトリック検定

　本書で説明する t 検定では、母集団が正規分布していることを前提として分析
を行っている。したがって、たとえば、少数のサンプルしかなく母集団が正規分
布しているかどうか疑わしい場合や、順序尺度を用いたデータのように母集団が
正規分布しない場合には、正しい答を導くことができなくなる。このような場合
には、母集団に特定の分布を仮定しない検定方法であるノンパラメトリック検定
が有効となる。ノンパラメトリック検定の利点は、母集団の分布を前提としない
ため、さまざまなデータへ適用可能であることである。

　この利点だけを見ると、読者の中には、ノンパラメトリック検定でも分析可能
なら、わざわざ t 検定を行う必要はないと思う人もいるかもしれない。しかし、
ノンパラメトリック検定にも欠点はある。t 検定とは異なり、母集団の分布に関
する情報を利用できないため、本来 t 検定を行うべきデータ（母集団が正規分布
していると仮定されるデータ）をノンパラメトリック検定で分析してしまうと、
t 検定ほど正確な結果を得ることができなくなってしまうのである。

　2つのサンプルが対関係にある場合のノンパラメトリック検定として、符号検
定があり、サンプルが対関係にない場合では、マン・ホイットニーの検定がある。
これらの検定方法では、2つのサンプルの母集団分布が同一の形をしていること
が仮定されており、母集団分布の重なる程度の確率から「2つのサンプルの母集
団は同一である」という帰無仮説を検定することになる。

　検定を行う際には、データの特徴をきちんと精査したうえで、そのデータに
合った適切な検定方法を選択することが重要である。

　また、さまざまな条件のもとでデータを収集した結果、サンプル平均の差が同じ
だったとしても、その差が持つ意味は異なる場合もある。図9-4を見てほしい。
左側のグラフは、セキガク・ストアにおいて、POP広告を掲示した店舗と掲示し
なかった店舗のフロム1チョコレートの売上個数の平均値差を示し、右側のグラフ
は、同様の実験をあるスーパーで実施した結果を示している。平均値の差はどちら
も3.4個となっている。丸が示すところが平均値であり、上下に伸びた線は、標準
偏差の大きさを表している。2つのグラフを見比べるとわかるように、3.4個とい
う同じ平均値差であってもサンプル値のバラツキによってその印象は違うものとな
る。つまり、フロム1チョコレートの売上個数の平均値差が同じであっても、コン

【図9‒4　セキガク・ストアとスーパーにおけるフロム1チョコレートの売上
　　　　個数の平均値の差】

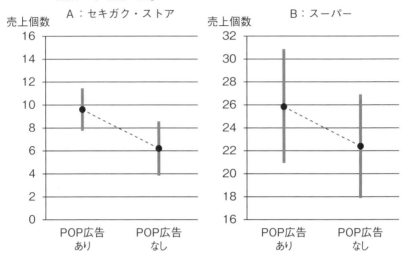

ビニエンス・ストアとスーパーでは、差の意味は異なると考えられる。

　このように、サンプル平均値の差の大きさに着目し、比較したり検討したりするために用いられる指標として効果量がある。効果量にはいくつかの指標があるが、本書では、サンプル平均値の差を表す効果量であるdを説明する。

　サンプル1とサンプル2が対応していない場合、以下の式によってdを計算することができる。

$$d = \frac{\text{サンプル平均の差}}{\sqrt{2\text{つのサンプルを合併した分散}}} = \frac{\text{サンプル平均の差}}{2\text{つのサンプルを合併した標準偏差}}$$

2つのサンプルを合併した分散

$$= \frac{\text{サンプル1の分散×サンプル1の数＋サンプル2の分散×サンプル2の数}}{\text{サンプル1の数＋サンプル2の数－2}}$$

　上の式が示すように、dは、サンプル平均の差を標準偏差で割ったものである。したがって、異なる条件のもとで得られたサンプル差が等しくなる場合、母集団のバラツキが大きい方がdは小さくなる。実際、図9‒4の例におけるdを算出すると、セキガク・ストアでは1.60となり、スーパーでは0.98となる。平均値差はどちら

Column 9 - 2

優 越 率

　t 検定を実行することによって、2つのグループに意味のある差があるかどう
かを知ることができる。たとえば、本章で用いた例だと、POP広告を掲示した店
舗の方が、掲示しなかった店舗よりも平均して高い売上をあげていた。しかし、
これはあくまで全体の平均での話であり、個々の店舗を比較すると、POP広告を
掲示しなかった店舗の方が掲示した店舗よりも売上は高いということは十分起こ
りえる。

　このような場合に、一方のグループのサンプルAが他方のグループのサンプル
Bの値を上回る確率である優越率が有用となる。t 検定では、比較する2つのグ
ループが正規分布に従うことが仮定されており、グループ間の平均差も正規分布
に従うことになる。優越率は、このような特性を利用して求めることができる。
サンプルA－サンプルB＝0となる値を、平均値0、標準偏差1の正規分布に従
うよう変換すると、以下のようになる。

$$Z = \frac{-1 \times (\text{サンプルAの平均値} - \text{サンプルBの平均値})}{\sqrt{2} \times 2\text{つのサンプルを合併した標準偏差}} = \frac{-1 \times \text{効果量}}{\sqrt{2}}$$

　サンプルA－サンプルB＞0となる確率を求めるためには、上のZの値を超え
る確率を計算すればよい。確率については、正規分布表から求めることができる。
セキガク・ストアの例を用いて、POP広告を展開した店舗の展開しなかった店舗
に対するフロム1チョコレートの売上個数の優越率を計算してみよう。

$$Z = \frac{-1 \times (9.60 - 6.20)}{\sqrt{2} \times \sqrt{4.50}} = -1.13$$

　通常、正規分布表にはZ＞0の場合しか記載されていないため、絶対値を求め
たうえで確率を計算する。－1.13の絶対値は1.13であり、Z＞－1.13というこ
とは、その逆であるZ＜1.13となる確率を求めればよい。Z＜1.13となる確率
を計算すると、優越率は87.15％ということになる。この結果によると、t 検定
の結果は有意であり、個々のサンプルレベルで見ても、POP掲示の有無による売
上個数には大きな違いがあることがうかがえる。

第9章

も同じ3.4個だが、効果量でみると差は約2倍となっており、セキガク・ストアの方がスーパーよりもPOP広告の効果が強く表れていることがわかる。

　なお、効果量dの大きさについては、一般的な基準だが、0.20くらいだと小さく、0.50くらいだと中程度であり、0.80くらいで大きいという解釈がなされる。

　2つのサンプルが対応している場合、以下の式によって効果量は求められる。

$$d_D = \frac{\text{サンプル差の平均}}{\sqrt{\text{サンプル差の分散}}} = \frac{\text{サンプル差の平均}}{\text{サンプル差の標準偏差}}$$

　表9‐1のデータを基にd_Dを計算すると、1.40となる。

5　おわりに

　本章では、コンビニエンス・ストアの事例を用いながら平均値の差を比較するt検定について説明してきた。t検定のポイントを整理すると、以下の3点である。

　第1に、2つのサンプルに差があると思ったら、それとは矛盾する帰無仮説と自分の考えを支持する対立仮説を立てる。

　第2に、分析対象である2つのサンプルが同じヒトやモノによって構成されているのかそれとも違うのかに応じてtを計算する方法は異なるため、サンプルの特性をきちんと確認する。

　第3に、tを計算して、2つのサンプルの平均値の差が有意かどうかを判断することに加え、効果量dの値を計算して、2つのサンプルの差をより詳細に検討する。

　実際にt検定を行う場合、Excelなどの表計算プログラムやSPSSなどの統計プログラムが有用である。本章の「次に読んで欲しい本」リストで示した本では、Excel、SPSS、Rを用いてt検定を実行する方法について詳しく解説されており、これらのプログラムを用いてt検定を行う際には参考にしてほしい。

　POP広告などのセールス・プロモーション施策の効果を売上平均の差を用いて検証したり、あるいは消費者調査を通じて男女間の新商品の試作品の選好度合いを比較したりする際、得られたデータから正しい意思決定を行うためには、結果を主観的に判断するのではなく、統計的な視点によって、意味のある差なのか、それとも偶然にもたらされた意味のない差なのかを判断することは極めて重要となるだろう。

？考えてみよう

1．新聞やインターネットにおいて平均値を比較している記事を探して、統計的な
有意差がありそうかどうかを考えてみよう。

2．自分の関心のある事柄について調査を行い、実際に t 検定をやってみよう。

3．t 検定の結果と効果量 *d* の値を比べてみて、2つのグループにはどの程度の
差が認められるのかどうか、考えてみよう。

参考文献

松原　望・縄田和満・中井検裕『統計学入門』東京大学出版会、1991年。

芝　祐順・南風原朝和『行動科学における統計解析法』東京大学出版会、1990年。

豊田秀樹『検定力分析入門―Rで学ぶ最新データ解析』東京図書、2009年。

次に読んで欲しい本

内田　治『すぐわかるExcelによる統計解析』東京図書、1996年。

小塩真司『SPSSとAMOSによる心理・調査データ解析（第3版)』東京図書、2018
年。

小野寺孝義・菱村　豊『文科系学生のための新統計学』ナカニシヤ出版、2005年。

第9章

第 **10** 章

分散分析

第1章
第2章
第3章
第4章
第5章
第6章
第7章
第8章
第9章
第10章
第11章
第12章
第13章
第14章
第15章

1 はじめに

　あるアイスクリーム会社が、スーパーマーケットでの販売を促進するため、プロモーション企画を考えた。プロモーションの効果を見極めるため、Ａプラン：15％の値引き、Ｂプラン：アイスを２つ買ってくれたら25％値引く、Ｃプラン：２つ買ってくれたら３つ目は無料、という３種類の値引き施策による販売促進プランがその内容である。また、スーパーマーケットも、売場面積が1,000平方メートル未満の小規模スーパー、1,000から3,000平方メートルの中型スーパー、そして3,000平方メートル以上の大型スーパー、という３箇所のスーパーを選び出した。その結果、以下のようなデータを取得することができた（**表10－1**中の数字は、ベースライン以上に売れたアイスの個数である）。

　Ａ、Ｂ、Ｃの値引きプランの内、最も効果があるのはどれだろうか。この場合、平均値は３つあり、それぞれ29個（Ａプラン）・33個（Ｂプラン）・16個（Ｃプラン）となる。平均値が３つあるなら、前章まで学んだことを思い出し、Ａプランの平均値とＢプランの平均値の間に有意な差があるのか、またＢプランとＣプラン、そしてＡプランとＣプランとの間の平均値について t 検定を個別に３回繰り返してみたくなるけれども、同時に比較しなければならないので、この方法は適切ではない。このような時に有効な分析方法が、分散分析と呼ばれる手法である。

【表10－1　スーパーでの値引き実験結果】

	小規模スーパー	中規模スーパー	大規模スーパー	平　　均
Ａプラン	20	28	39	29
Ｂプラン	24	34	41	33
Ｃプラン	10	16	22	16

2 分散分析とは何か

　分散分析と呼ばれる解析法は、平均値が3つ以上ある場合に、それぞれの平均値の間に差があるのか、また差があるとしたらどの平均値とどの平均値の間に差があると言えるのか、といった問題に直面したときに使われる手法である。この手法は、製造業などの品質管理でよく用いられる実験計画法に広い意味で含まれるけれども、マーケティング・リサーチでもよく活用される。

　分散分析では、実験結果に影響を与えると考えられる要因のことを「因子」と呼ぶ。表10-1の「スーパーでの値引き実験」の場合、因子は値引きプランである。また、因子は、実験の目的に応じて、量的・質的に様々に変化させることができる。例えば、Aプラン・Bプラン・Cプランといった具合に分けることができる。つまり、いくつかの「水準」（Aプラン・Bプラン・Cプラン）を因子（値引きプラン）に対して設定できるのである。

　別の例を挙げると、TV広告によってブランドの認知度が変化したかどうかを調

第10章

【図10-1　分散分析のイメージ】

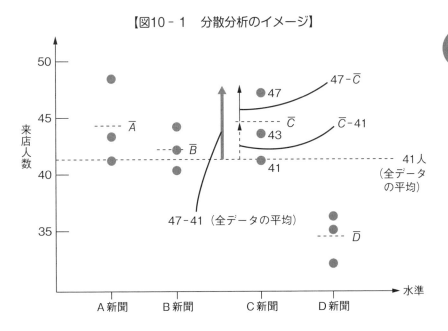

【表10-2　データ】

数＼繰り返し	1	2	3	水準の平均値	全データの平均値
A新聞	48	43	41	44	
B新聞	40	42	44	42	
C新聞	43	41	47	43.67	41
D新聞	36	35	32	34.3	

べる実験の場合、因子はテレビコマーシャルで、水準は、1日のうちにコマーシャルを流す回数と考え、5回・10回・15回等々の回数を設定したりするのである。

　ここで、分散分析のイメージを掴むため、**図10-1**を見てみよう。

　図10-1は、あるスーパーが特売情報の折り込みチラシを4種類の朝刊に3回入れ、来店人数が最も多い朝刊はどれであるのか突き止めるような実験の結果である（曜日によって影響を受けないように、折り込みチラシは同じ日に入れ、チラシの枚数・チラシ配布範囲も同一となるようにする）。縦軸は来店人数で、水準（横軸）は4つある。チラシは3回配布したので、繰り返し3回の実験である。因子は、新聞というただ1つの要素で、来店を促進する他の要素（例えばE-mail広告の送信など）は考えていない─因子が1つである実験を「一元配置法」と呼ぶ。実験の目的は、どの朝刊の折り込みチラシが最も来店人数を増やすのか確かめることである。A～D新聞それぞれの場合の来店人数の平均値を$\overline{A}・\overline{B}・\overline{C}・\overline{D}$とする。C新聞の例で考えてみると、47（人）は、C新聞の第3回目の測定データである。この47から全データの平均値41を引いたもの（47－41）は、（47－$\overline{C}$）と（$\overline{C}$－41）の和に分解できる（図10-1で確認してみよう）。（47－$\overline{C}$）は、C新聞（第3水準）の第3回目の測定データがC新聞の平均（$\overline{C}$）からどれくらい離れているのかを示している─これは、実験誤差（水準内変動と呼ばれる）と考えることができる。なぜなら、誤差がなければ、3回測定しても、それぞれの測定値はすべて約43人［C新聞の平均人数（$\overline{C}$）］になるからだ─。他方、（$\overline{C}$－41）は、C新聞の平均人数（$\overline{C}$）［43人］が全体の平均である41人からどれくらい離れているのかを示している（これを水準間変動と呼ぶ）。すべてのデータに関して、もし、実験誤差（水準内変動）の方が水準間変動よりも小さければ、どの新聞に折り込みチラシを入れるかで来店人数は違ってくると言えよう。言い換えれば、全データのバラつ

【写真10-1　カットソー「テキ℃」（テキド）のチラシ】

写真提供：株式会社セブン＆アイ・ホールディングス

き―個々のデータと全データの平均値［＝41］の差の総体―のほとんどを、実験
誤差が説明してしまえば、チラシの来店促進効果に関して新聞間の違いはないとい
うことになる。ここで次のような比率を考えてみる。

$$
\text{分散比（F値）} = \frac{\text{水準間変動}}{\text{水準内変動（実験誤差によるばらつき）}} \qquad \text{（式1）}
$$

第10章

　この分散比の値がかなり大きければ因子の効果があるということになる。因子の
効果の有無を分散を用いて判断することから、この分析方法は分散分析と呼ばれる
ようになった。実際に図10-1のデータに対して分散分析を実施すると、次のよ
うな「分散分析表」が出力される。
　この分散分析表において（式1）の値は、「分散比」（＝8.029）のところに示さ

【表10-3　分散分析表】

	平方和	自由度	不偏分散	分散比	検定
因子	184.66	3	61.55	8.029	**
誤差	61.33	8	7.66		
合計	246	11			

多重比較

　分散分析を実施した結果、各水準の母平均に差があることが分かった場合、次に知りたいことは、どの水準とどの水準との間に差があるのか、ということだろう。この場合、各水準の母平均の区間推定・2つの水準の母平均の差の推定・多重比較といった方法を用いて最適水準を突き止めるが、ここでは多重比較について説明する。

　今、ある新製品のパッケージの色を3種類（A・B・C）用意し、店頭にて試行販売した結果、次のようなデータを得たとしよう。

	販売点数				平均値
A	14	10	11	9	11
B	8	14	3	7	8
C	8	6	5	1	5

　μ_A, μ_B, μ_Cをパッケージ色がA・B・Cであるときの母平均とする。そうすると、帰無仮説は、次のように3つあることになる。

　　$H_0 : \mu_A = \mu_B, H_0 : \mu_A = \mu_C, H_0 : \mu_B = \mu_C$

　一般に、有意水準5％で独立に2回検定すると、2回とも有意にならない確率は、0.95×0.95となる。逆にいうと、少なくとも1回有意になる確率は、（1−0.95）×0.95＝0.0975となる―有意になったものについては対立仮説を採択する手続きであったことを思い出そう―。このパッケージの色に関する実験の場合、帰無仮説は3つあるので、有意水準5％で独立に3回検定を行うと、3回とも有意にならない確率は0.95×0.95×0.95であり、他方、少なくとも1回有意になる確率（＝帰無仮説が正しいにもかかわらず，検定で帰無仮説を棄却する誤りを犯す確率；第一種の過誤の確率）は、（1−0.95）×0.95×0.95＝0.1426（要するに14.26％）となってしまう。しかし、帰無仮説が複数あったとしても、全体としての結論の第一種の過誤の確率（＝有意水準）は、5％であるべきだろう（そうでなければ検定の意味がない）。したがって、1つずつの検定の有意水準を5％より小さくなるように調整しなければならない。これを可能にするのが多重比較法の基本的な考えなのである（言い換えれば、5％で当たりが出るくじを、3回引くと、14.26％の確率で当たりが出るが、14.26％というのは、もはや珍しい（稀な）程度のものとは言えない）。

れる（実際には自由度で調整される）。ところで、この分散分析表はどのような検定結果を出力しているのだろうか。仮説および対立仮説は以下のようになる。

仮　　説H_0：新聞A、新聞B、…新聞Dの母平均に差はない。
対立仮説H_1：新聞A、新聞B、…新聞Dの母平均に差がある。

　有意水準αを1％とすれば、（検定統計量である）分散比8.029は、自由度（3、8）のF（α=0.01）点である7.59より大きい。つまり、仮説H_0の下で滅多に起きないことが起きたのだけれども、それは、そもそも最初に立てた仮説が間違っているのではないか、と考え、対立仮説の方を採択する。つまり、このチラシ挿入実験において、新聞A・新聞B・新聞C・新聞D間の母平均には差がある、と結論づけるのである。
　さて、新聞の種類（水準）が違えば、来店人数も違ってくることが分かった。それでは、どの新聞とどの新聞の間に違いがあるのか。あるいは、どの新聞が最適なのか。このような場合、多重比較法（**Column10 - 1**）や二つの母平均の差の推定を行って、どの新聞にチラシを入れたらよいのか決定する。図10 - 1を見ると、A新聞とC新聞は、D新聞と比べて効果がありそうだ。また、A新聞とC新聞はさほど効果に差があるとは思えない。したがって、A新聞とC新聞に対して、チラシ広告挿入費用の見積りを取り、費用の面からより安価な方を採用してもよいだろう。
　ここで分散分析の手順を確認しておこう（**図10 - 2**）。

第10章

【図10 - 2　分散分析の手順】

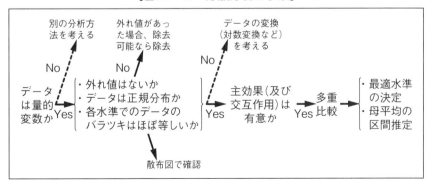

3 分散分析で何ができるのか

　分散分析が威力を発揮するのは、因子が２つ（以上）あるような実験（二元配置法と呼ぶ）の場合だろう。因子が２つ以上ある場合、因子同士が互いに影響し合って結果に増幅作用や相殺作用を及ぼすようなことを突き止めることができる。言い換えれば、因子同士の組み合わせ効果を検出できるのである。少量の塩を加えると"ぜんざい"の甘さが引き立てられることなどは、交互作用の分かりやすい例である。砂糖を増量すれば甘くなるが、そこに塩を混ぜたからといって甘さが抑えられるのではなく、かえって甘みが増すわけである（棟近＆奥原（2004），p.24）。

　今、ラグジュアリーブランドがブランド拡張を行って、新製品を市場に投入したことを別の例として考えてみる。**図10－3－(a)**において、Aは市場におけるブランドの認知度で、A1は認知度が中程度のラグジュアリーブランド、A2は有名なラグジュアリーブランドとする。また、Bは価格水準で、B1は当該製品の標準的な価格帯、B2は高価格帯とする。縦軸は販売点数。ラグジュアリーブランドだから、高価格が高品質を保証し、値上げによって販売点数が伸びる場合を想定してい

【写真10－2　ボルドーフェアのチラシ】

写真提供：株式会社セブン＆アイ・ホールディングス

Column10 - 2

実験計画

　分散分析を実施するためには、実験の目的をまず明確にし、次に、測定値・因子・水準・実験回数を決め、時間的・空間的にランダムに実験が実施されるよう予め配慮しなければならない。フィッシャー（R.A.Fisher）は、実験を計画にするにあたって、①反復、②無作為化、③局所管理、という３つの原則に従うことを提唱した。それぞれ説明すると、まず、①の「反復」というのは、同一条件で実験を繰り返すことで、母平均の推定精度が向上し、また誤差も評価できるようになるので、繰り返しのない実験計画よりも繰り返しのある実験計画の方が望ましいということだ。②の「無作為化」というのは、実験が時間的・空間的にランダムに実施されるよう配慮するということ。例えば、ある菓子メーカーが開発した新製品の店頭プロモーションを実施する場合、もっぱらコンビニエンスストアで行うよりも、小売スーパーやディスカウントストアなどでもプロモーションを行ってデータを取得した方が、コンビニエンスストアに偏った誤差が発生する可能性を排除できる。③の「局所管理」ということについては、次の事例を考えてみよう。

　今、あるメーカーのマーケティングマネジャーが、Ⓐ特別陳列、Ⓑ１つ買えばもう１つは無料、Ⓒ購入時に100円を返してくれるクーポン、という３種類のプロモーションの店頭実験を計画しているとする。プロモーションの実施時間は、午前中・午後・夕方の３種類あり、実験の場所は、ドラッグストア・小売スーパー・ディスカウントストアを考えている。最初、マネージャーは次のような実験の計画を立てたのだが、果たしてこれは妥当な実験計画だと言えるだろうか。

実施時間	お店の種類		
	ドラッグストア	スーパー	ディスカウントストア
午前	B	C	A
午後	B	C	A
夕方	C	A	B

　一見して分かる通り、この実験計画は、最良のものとは言えない。ドラッグストアではAのプロモーションが実施されず、ディスカウントストアではCのプロモーション施策が今度は実施されていない。望ましい実験計画は、実験の場（＝お店の種類）において実験条件を均一とするような局所管理の原則に基づいた、

以下のような計画だろう。

	お店の種類		
実施時間	ドラッグストア	スーパー	ディスカウントストア
午前	B	C	A
午後	C	A	B
夕方	A	B	C

る（需要の価格弾力性がプラスの事例）。A（認知度）の効果は、A2とA1の差（図中の実線）で示され、B（価格）の効果は、B2とB1の差（図中の点線）で示されるが、それでは、A2B2ではどのような販売点数となるのか考えてみよう。普通に考えれば、Aの効果とBの効果が合わさって**図10-3-(b)**のようになるだろう。つまり、

A2B2＝A1B1＋（A2－A1）＋（B2－B1）

が成立するはずである。このように効果が単純に足し合わされるような場合（効果の加法性が成り立ち、グラフが並行になる場合）、「交互作用がない」という。他方、図10-3-(C)のように予想されるよりもA2B2の値が高くなるならば、それはA2B2の組み合わせがよいので、相乗効果（交互作用）があると判断する（グラフが平行でない）。

　理解を深めるため、**図10-4**を見てみよう。左の図（**図10-4-(a)**）は、Bの効果がAの水準によって変化する様子が描かれており、このような場合に「交互作用がある」と言える。有名なラグジュアリーブランドの場合、値上げによる販売点数の伸びは、そうでないラグジュアリーブランドよりも大きいことが確認できる。他方、右の図（**図10-4-(b)**）は交互作用といっても相殺効果がある場合のグラフが描かれている。この場合、高価格帯での販売点数は、通常価格帯の場合よりも少なくなっている。市場の認知度が高いからといって高価格帯を設定するのではなく、通常価格帯を設定する方がよい場合だ。相乗効果の場合も相殺効果の場合も、グラフが平行ではないので交互作用があることが確認できる。

【図10 - 3　分散分析の交互作用】

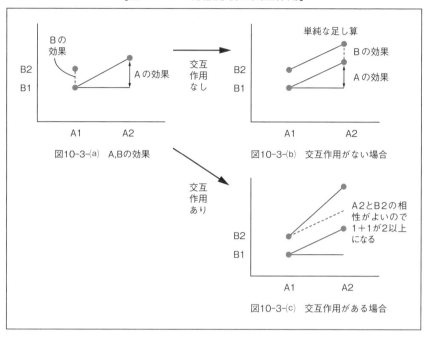

【図10 - 4　交互作用の事例：相乗効果と相殺効果】

第10章

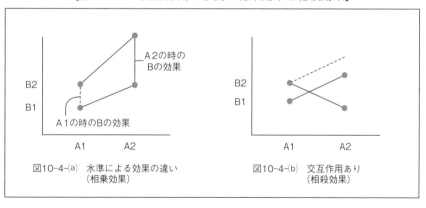

4 おわりに

分散分析で扱う生データにはいくつかの前提がある。不偏性（誤差の期待値はゼロ）・等分散性（各水準内での誤差の大きさは等しい）・無相関性（誤差同士は無相関である）・正規性（誤差は正規分布に従う）、がそれである。したがって、分散分析を始める前に、データをプロットしてみて、水準内でのデータのバラつきがほぼ等しいかどうかチェックしてみるとよい（観測データの値が大きくなるに従って、データのバラつきも大きくなることがよく起こるが、このようなときには、データを対数変換すると等分散になることが多い）。また、データが明らかに非対称で、正規分布していないことが分かる場合もある。このような場合は、分析ソフトのメニューの中からクラスカル・ウォリス検定（一元配置の場合）やフリードマン検定（二元配置の場合）等を実行しよう。

？考えてみよう

1．平均値が3つ以上ある場合、t検定を何回も繰り返してはいけない理由を考えてみよう。

2．次の表は、年間にかかる食費を家族数と所得の観点からまとめたものである。食費と所得との間に関係があるかどうか、ソフトウェアを使って、二元配置分散分析を実行してみよう。

家族数(人)	所　　得（万円）		
	400未満	400 - 600	800以上
2	78.09	97.41	102.33
3 or 4	106.17	122.55	138.69
5 or more	133.53	156.21	169.5

3．交互作用が観察できそうなマーケティングの事例を考えてみよう。

参考文献

棟近雅彦・奥原正夫『SQC入門　実験計画法編』日科技連、2004年

石村貞夫『分散分析の話』東京図書、1992年

大村平『実験計画と分散分析のはなし―効率よい計画とデータ解析のコツ』（改訂
版）日科技連、2013年

次に読んで欲しい本━━━━━━━━━━━━━━━━━━━━━━━━●

内田治『すぐに使えるEXCELによる分散分析と回帰分析』東京図書、2009年

竹原卓真『SPSSのススメ〈1〉2要因の分散分析をすべてカバー』（増補改訂）、
北大路書房、2013年

石村貞夫・石村光資郎『SPSSによる分散分析と多重比較の手順』（第4版）東京図
書、2011年

第10章

第1章
第2章
第3章
第4章
第5章
第6章
第7章
第8章
第9章
第10章
第11章
第12章
第13章
第14章
第15章

第 **11** 章

回帰分析

1 はじめに

　スポーツをする時も、恋人と語り合う時も、仕事で戦略や戦術を立てる時も、人はこの先起こるであろうさまざまなことを予測している。無論、ただ予測するだけではない。思い通りの結果になるようにと、次の一手を操作するかもしれない。そして、こうした予測や制御の基盤となっているのが、因果関係についての仮説モデルである。

　因果関係に関する優れた仮説モデルを作り上げ、それを活かして結果の予測や制御を行うことができるのであれば、そうした意思決定は発展性があり、また他人に対して説得力を持つようになる。しかし、仮説モデルを使いこなすことはそうたやすいことではない。自分の頭の中にあるはずの仮説モデルも、いざ使おうとすると、その内容が不明確であったり、活用できるほど整っていなかったりすることが案外多い。

【写真11 - 1　回帰分析は因果関係を意識しながらビジネス・シーンを観察することから始まる】

写真提供：株式会社ローソン

　例えば、Aさんはある店舗でザルそば弁当の発注を任されていて、暑い日ほどこの弁当が売れていると感じていたとしよう。これは気温という原因と弁当の販売個数という結果に関わる一種の仮説モデルである。これを活かして気温に基づき発注量を決定するのであれば、その日の気分で決めるよりもはるかに発展性のある説得力を持った思考となる。しかし「30℃という予報が出ている明日は何個売れそうか」や「その予想はどれくらい信じられるのか」といったことを考えると明確な答えが出せずに困ってしまうだろう。

　本章で学ぶ回帰分析は、因果関係、特に原因も結果も量的変数であるような因果関係についての仮説モデルを活用するのに必要なエッセンスが詰まった分析手法である。この分析手法を使えば、仮説モデルがどの程度現実に当てはまっているのかを確認することもできるし、仮説モデルを予測や制御に結びつけることもできるようになる。

2　回帰分析とは何か

❖ 曖昧な因果関係の把握と回帰分析

　因果関係はマーケティング現象のあらゆる場面に存在している。第9章および第10章では、グループの違いによって平均値が異なっているかどうかを分析するための手法を学んできた。これは、質的な原因の量的な結果に及ぼす影響の考察と言い換えることができる。一方、マーケティング分析の対象になる因果関係には、原因と結果が共に量的なものも多く含まれている。広告費と売上高、年収とサービス利用回数など枚挙に暇がない。本章で説明する回帰分析は、こういった量的な因果関係の解明を主な守備範囲としている。

　さて、マーケティングに関わるこうした量的な因果関係は、実に曖昧な関係であることが多い。気温とビールの消費量を考えてみよう。気温が決まっても消費量が1つに決まるわけではなく、同じ気温であったとしても日によって消費量がばらつく。だからといって、気温と消費量はまったく関係がないかというとそういうわけではなく、やはり、30℃の日の方が25℃の日よりも平均的には多く消費されているという傾向が見られるのだ。このように、ある変数xの変動に対して別の変数y

第11章

が1対1ではないが平均的には対応しているような関係を「xに対するyの回帰関係」という。実は、マーケティング分析の中で量と量の因果関係を考えるということは、こうした曖昧な回帰関係を考えることなのであり、回帰分析とは、この関係の分析結果から発展的で説得力のある意思決定につながるような情報を引き出していく一連の作業をいう。

❖ 回帰分析の中核：回帰式とその作成

　では、こうした回帰分析を行う流れを押さえておこう。**図11−1**を見てもらいたい。非常に大まかに分けると、回帰分析は回帰式を作成するフェーズと作成された回帰式を評価し活用するフェーズから構成されている。各フェーズは、さらに2つずつのサブ・カテゴリーに分けられるので、回帰分析にはおおよそ4つの主要な作業領域があると考えてほしい。図11−1のカッコ内に各領域が本章のどこで解説されているかを示しておいた。

　さて、こうした流れを見る限り、回帰式というものをまずは理解しなければ話が先に進まないようである。ここでは、回帰分析の基点となる回帰式について触れる中で回帰分析の基本的な事柄について説明していくことにしよう。

　回帰式とは、原因と結果の関係を簡単な数式で表現したものである。回帰分析で

【図11−1　回帰分析の流れと主な作業領域】

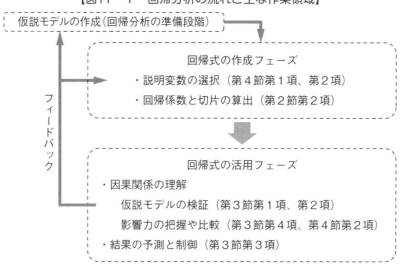

【図11-2　回帰式の構造】

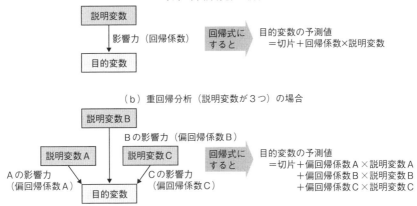

（a）単回帰分析の場合

説明変数

↓ 影響力（回帰係数）

目的変数

回帰式に → 目的変数の予測値
すると　　＝切片＋回帰係数×説明変数

（b）重回帰分析（説明変数が3つ）の場合

説明変数B

Bの影響力（偏回帰係数B）

説明変数A　　説明変数C

Aの影響力　　　　　　　　Cの影響力
（偏回帰係数A）　目的変数　（偏回帰係数C）

回帰式に → 目的変数の予測値
すると　　＝切片＋偏回帰係数A×説明変数A
　　　　　　　　＋偏回帰係数B×説明変数B
　　　　　　　　＋偏回帰係数C×説明変数C

は原因にあたるものを説明変数（あるいは独立変数）、結果にあたるものを目的変数（あるいは従属変数）というので以降はこの呼び方を利用しよう。説明変数を1つしか考慮しない、つまりある結果を1つの原因で説明・予測しようとする場合を単回帰分析といい、その回帰式は**図11-2**(a)のような構造をしている。先述したAさんの例でいえば、弁当の販売個数（これが目的変数）の予測値が気温という説明変数を使うとどのように規定されるのかということを示していることになる。右辺の第1項を切片あるいは定数項、説明変数に係っている係数を回帰係数と呼ぶ。詳細は後述するが、回帰係数は説明変数の目的変数に対する影響力の大きさを表しており、因果関係の解明に重要な示唆をもたらしてくれる。

　また、複数の説明変数を考慮するような回帰分析を重回帰分析という。回帰式の構造は基本的に同じであるが、説明変数の数が複数になるのでその分右辺の項数も増える。**図11-2**(b)は、説明変数が3つの場合の回帰式を表している。重回帰式の場合、回帰係数は偏回帰係数と呼ばれるようになる（以下では回帰係数という表現の中に偏回帰係数も含んでいる。ただし、偏回帰係数だけに関わる説明の場合だけ偏回帰係数と表現する）。重回帰分析の場合は、説明変数の数と同じだけ偏回帰係数が算出され、それぞれが説明変数ごとの影響力の大きさを表現しているのである。

　「回帰式を作成する」ということは、「回帰式に含む説明変数を決めること」と「回帰係数や切片を算出すること」を指している。説明変数の選択は第4節で説明するように仮説モデルに基づいて決定される。一方、回帰係数や切片の算出は、一

第11章

Column11 - 1

最小2乗法（回帰係数と切片の算出原理）

　回帰係数と切片の算出において一般に利用される原理に最小2乗法と呼ばれるものがある。単回帰式の場合で考えてみよう。図11 - 3には、各観察ケースを示す点と1本の直線が描かれている。実はこの直線が回帰式になる。イメージとして、図中の**✕**印のところを画鋲でとめたストロー（回帰式にあたる）が時計の針のようにくるくる回っている様子を思い浮かべてほしい。回帰係数と切片を求める作業とは、この無限に存在しうる傾きと切片から1つの組み合わせを選ぶことを意味する。

【図11 - 3　回帰式と残差】

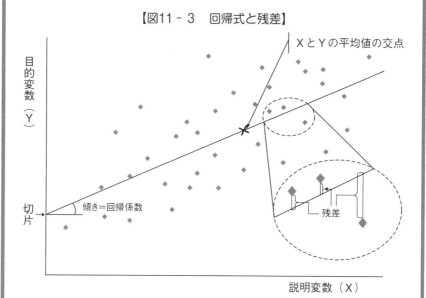

では、選ぶ基準とは何か。最小2乗法では、残差の合計が最も小さくなるように回帰係数と切片を定めるという基準を使う。残差とは、実際にデータで得られた目的変数の値（実測値という）と回帰式から導き出された予測値との差のことをいう。図では、各点と直線の間のy軸に平行な距離を指している。つまり、現実と予測のズレである。無論、この残差は標本に含まれる観察ケースの数だけ存在しており、予測値が実測値よりも大きくなることも小さくなることもあるため、単純に足しただけでは相殺されてしまう。そこで、残差を2乗したものの合計（残差平方和という）を計算し、それが最小になる場合の係数と切片を求めると

いうやり方がとられる。これが最小２乗法である。

　具体的な算出過程は他書に譲るとして、ここでは２点ほど注意してほしい。まず、データと最もあてはまりの良い（残差平方和の最も小さい）係数と切片が算出されるが、それが回帰式の現実とのあてはまりの良さを保証しているわけではないという点である。この点については第３節で触れることにする。次に、回帰式が直線であることからもわかるように、一般に回帰分析で明らかにできるのは説明変数と目的変数の間に見られる単調な関係であるという点である。したがって、説明変数と目的変数の間に曲線の関係が見られたとしても、それを線形関係として近似的に捉えることしかできないのである。

般に最小２乗法という考え方をベースになされる。実際の算出作業は統計用ソフトを使って行われることが一般的であり自分自身で計算することはほとんどないが、どのような原理で算出されているのかという点だけはColumn11 - 1を通じて理解しておいてほしい。

3　回帰分析で何ができるのか

　統計ソフトを使って回帰分析を実行すると、先に紹介した回帰係数や切片が算出され、回帰式の未知数部分が埋まっていく。また、それに伴い関連する多くの統計量や検定量も算出される。しかしこれで終わりではない。ここからが分析のメインフェーズである。この節では、回帰分析の結果からどんなことができるのか、どんな情報が引き出せるのかという点を説明していくことにする。

第11章

❖❖ 回帰式の評価と仮説モデルの検証①：
決定係数によるあてはまりの良さの評価

　回帰分析では、得られた回帰式が現実のデータにどの程度当てはまっているかを知ることで、因果関係に関する多くの情報を得ることができる。もし、回帰式のあてはまりが良ければ、その式のもととなっている仮説モデルの現実との適合度もまた高いと判断されるし、逆にあてはまりが悪ければ仮説モデルの修正を考えなければならないだろう。

　回帰式のあてはまりの良さを示す指標としてよく利用されるのが決定係数（R^2

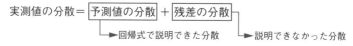

【図11－4　決定係数は説明できた分散の割合】

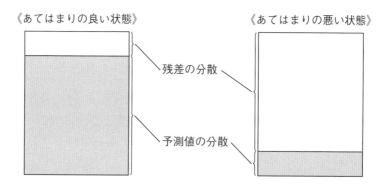

と表されることが多い）である。**図11－4**に示すように、目的変数の実測値の分散は、回帰式を通じて求められる予測値の分散と残差の分散の和として捉えることができる。予測値の分散とは、回帰式に含めた説明変数によって説明できた分散と考えることができ、一方の残差の分散は、こうした説明変数では説明できなかった分散と考えることができる。そして、決定係数は、実測値の分散のうち予測値の分散が占めている割合のことをいう（数値的には目的変数の実測値と予測値の相関係数を2乗したものと一致することがわかっている）。無論、割合なので決定係数の取りうる範囲は0から1の間となる。先のAさんが分析を行った結果、決定係数＝0.55という値が得られたとすれば、Aさんが説明変数として用いた気温の変動によって弁当の売行きの55％が説明できたということになる。

　あてはまりの良さを決める絶対的な基準はないためその判断は状況によって変わってくる。しかし、決定係数の値が低いということは予測と現実の差が出やすいということなので、そのことを織り込んだ上で分析結果を利用する必要があるし、低すぎるのであれば、その回帰式および仮説モデルをそのまま使用することは控えるべきであろう。

　また、重回帰分析の場合は、説明変数の数がかなり多くなるとそれだけの理由で決定係数が高く見積もられてしまうので、自由度によって調整された決定係数（自

由度調整済み決定係数という）を利用する方が好ましい。

　決定係数にしろ、自由度調整済み決定係数にしろ、一般的な統計ソフトを使えば簡単に算出することができる。したがって、ここでは、決定係数の意味するところをしっかり押さえて、それをもとに回帰式やその背後にある仮説モデルを評価する仕方をきちんと理解してほしい。

❖ 回帰式の評価と仮説モデルの検証②：回帰係数の検定

　決定係数は回帰式のあてはまりのよさを全体的に評価したものであるが、回帰式に含めた説明変数が目的変数の原因として適切であるかどうかを説明変数ごとに評価することもできる。もし不適切なものが含まれていたのであれば、それを排除することで仮説モデルの修正が行えるのだ。

　回帰係数が説明変数の影響力を表していることから、説明変数が原因として適切であると判断されるためには、「本当の回帰係数は０である」という仮説（棄却されることが前提の仮説なので帰無仮説という）が棄却されなければならない。ここでいう「本当の回帰係数」とは母集団における回帰係数である。分析の際に得られる回帰係数の値はあくまでもその分析に使用したデータから算出されたいわば標本統計量である。したがって、０でない回帰係数が得られたとしても、標本誤差によってたまたま０ではない値が算出されただけで母集団における真の回帰係数は０だったのかもしれないのだ。

　こうした回帰係数の有意性の検定作業は、「もし本当の回帰係数が０であった場合に、今回算出された回帰係数の値（およびそれ以上の絶対値を持つ値）が生起する確率（これを有意確率と呼ぶ）」を調べることで進められる。一般の統計用ソフトでは、この有意確率が回帰係数ごとに直接出力されるので有意確率と有意水準（通常５％で設定される）の大小関係で帰無仮説の採択か棄却かが判断される。

　その判断の流れは**図11－5**に示す通りである。有意確率が有意水準よりも小さい場合、本当の回帰係数が０のときにたまたま今回のような回帰係数の値が得られる確率は非常に小さいということになり、そんな珍しいことが今回起こったと考えるよりも「本当の回帰係数が０」という前提自体を疑ってみるということになる。したがって、上記の帰無仮説は棄却されこの説明変数は統計的に有意な影響力を持つ、つまりそのまま回帰式の中に残してよいと解釈される。逆に、有意確率が有意水準よりも大きい場合、帰無仮説が棄却されないので、その回帰係数の係っている

【図11－5　回帰係数の有意性と説明変数の影響力に関する判断のフロー】

有意確率<有意水準の場合	有意確率>有意水準の場合
帰無仮説を棄却する	帰無仮説を選択する
⬇	⬇
本当の回帰係数は0ではない	本当の回帰係数が0である可能性が排除できない
⬇	⬇
その係数の係っている説明変数は目的変数に対して影響力を持っている	その係数の係っている説明変数は目的変数に対して影響力を持っていない
⬇	⬇
この説明変数は原因として適切	この説明変数は原因として不適切
⬇	⬇
その説明変数を回帰式にそのまま残す	その説明変数を回帰式から取り除く

説明変数は目的変数に対して影響力を持たないという可能性が捨てきれず、この説明変数を回帰式から除外することになる。ただし、こうした仮説検定では、サンプルサイズが大きい場合に帰無仮説が棄却されやすく、サンプルサイズが小さい場合に棄却されにくいという性格を持っているため、必ずしも万全な判断とはいえない点に留意しておくべきである。

※ 回帰式に基づく結果の予測と制御

上述したような観点からなされた回帰式の評価が良好なものであったとすると、それは仮説モデルが妥当なものであったという情報を得たことになる。研究論文の執筆などの場合、こうした情報自体を得ることが目的となることも多い。しかし、せっかく信頼できるモデルを手に入れたのであれば、それをいろいろな意思決定に利用しない手はない。回帰式を使うと、結果を予測したり望ましい状態に制御したりする際に有益な情報を得ることができる。回帰式のことを予測モデルと呼ぶこともあるように、予測や制御は回帰分析の主要な活用術である。この予測をメインに捉えると、先に論じた回帰式の当てはまりの良さとは回帰式の予測精度の高さを意味するようになり、回帰式の評価とは予測の前提条件を確認する作業になる。

回帰式を使って予測や制御を行うには、この式に数値を代入して解けばよい。たとえば、Aさんの例で回帰係数が2.5、切片が－50という値が得られたと仮定しよう。翌日の気温が30℃と予報されているとすると、前掲図11－2(a)の右辺の各項

にこれらの数字を代入して解くだけで、翌日の弁当の販売予想として25個という数字が出てくる。また、結果をコントロールしたいと思えば、逆に、目標とする結果の状態を左辺に代入し、求まった説明変数の値をもとに原因部分を操作することもできる。たとえば、目的変数を売上、説明変数を広告費とした回帰式を組んだとすると、左辺に目標とする売上額を、右辺に得られた回帰係数と切片の値を代入することで、それを達成するのに必要な広告予算額が算出される。

◈ 回帰式に基づく影響力の把握と比較

　先に説明した有意性検定を行うと各説明変数に影響力があるのかないのかを確認することができる。しかし、回帰分析では説明変数の影響力の大きさについても情報を入手することができる。

　有意性検定で有意であると判断された回帰係数については、その値から個々の説明変数の影響力がどの方向にどの程度であるかの目安を得ることができる。先に紹介したように、回帰係数は説明変数の目的変数に対する影響力の大きさを表しているが、統計学的な表現でいえば「説明変数が１単位変化したときに目的変数が何単位変化するか」を表していることになる。ここでの「単位」というのはデータ入力の際に採用された単位を指しており、影響力を解釈する場合に非常に重要な意味を持つ。例えば、先のＡさんの例で回帰係数が2.5、気温が摂氏で入力されているとすると、気温が1℃高くなると販売個数が2.5個増えるような因果関係が見られたと解釈することができる。また、回帰係数がマイナスの値をとる場合は、説明変数が増大すると目的変数は減少するという負の関係があることを表している。

第11章

　さて、回帰係数は各説明変数の影響力の大きさを表していたのであるが、複数の説明変数を同時に分析する重回帰分析の場合、そうした影響力の大きさを比較することもできる。その際には、算出された偏回帰係数を単純に比較するのではなく、標準偏回帰係数の大きさを比較する方法がとられる。この係数は、単位の違いなどによる影響を受けない形での影響力の大きさを表しており、この係数の大きい順が影響力の大きい順ということになる。ただ、標準化をすることで単位という枠組みが失われてしまうため、標準偏回帰係数に対して通常の回帰係数のような実質的な解釈を行うことは困難になる。各説明変数それぞれの影響力を単独で考える場合は偏回帰係数をそのまま用いる方がわかりやすい。

4　回帰分析で気をつけること

❖ 回帰分析は仮説を持って挑むべし、仮説として終わるべし

　本章で説明してきた内容は、回帰式が算出された後のことが中心であった。しかし、回帰分析は、意中の目的変数に影響を及ぼしているであろう変数を選び出す作業（説明変数の選択）から始まる。この基礎となるのが仮説モデルである。コンピューターは、指定された変数間の関係をさまざまな統計量や検定量で表現することはできるが、どの変数の間の関係を分析すべきかを決めることはできない。分析を行う人は、回帰分析の実行ボタンを押す前にまず、いま分析しようとしている現象がどんな因果関係によって構成されているのかということについて思いを巡らせなければならない。そして、そこで得られた仮説モデルに基づいて説明変数の選択を行うべきである。

　また、回帰分析では統計的検定を通じて不適切な説明変数の排除が行われるが、こうした結果として出来上がった回帰式が目的変数を説明・予測するのに最も優れたモデルであるかどうかはわからない。先で示したように、統計的検定は必ずしも万能な方法ではない。また、分析に含めなかった説明変数は検定の対象にはならな

【写真11‐2　小売店頭は仮説の宝庫である】

写真提供：株式会社ローソン

いので、そうした未検討の変数の中に強い影響力をもった変数が隠れている可能性もある。つまり、回帰分析を通じて出てきたモデルは、最終結論ではなくやはり仮説であり、常に改善の余地がある暫定的なものとして捉える控えめな態度が必要なのである。

❖ 説明変数同士の関係にも注意が必要

　回帰分析を行う際、どうしても目的変数と説明変数の間の因果関係に目が行きやすい。しかし、重回帰分析のように説明変数が複数想定されている場合には、説明変数間の関係を把握しておくことが非常に重要になってくる。

　回帰係数は説明変数の影響力を示す指標であるが、重回帰式における偏回帰係数の場合、図11‐2(b)からも読み取れるように「他の説明変数の変動がない状況の中で説明変数が1単位変化した際の目的変数の変化量」を表していることになる。つまり、1つの説明変数が変動する際に他の変数がそれにつられて変動してしまってはいけない、説明変数は互いに独立であるという前提が置かれているのである。

　このことからもわかるように、原則として、回帰式に含める説明変数の間に共変動の関係があってはいけない。とはいえ、実際のマーケティング分析の文脈では、これを完全に排除することは不可能であり説明変数間に多少の共変動関係が生じてしまうことは容認せざるを得ない。しかし、その程度が非常に強い場合は深刻な問題が発生する（こうした状態を「多重共線性がある」という）。1つは偏回帰係数の解釈が難しくなるという問題がある。そのメカニズムはColumn11‐2に簡潔に示しているのでそちらを参照してほしいが、多重共線性が見られると、偏回帰係数が係っている見かけ上の対象と実際の対象とが大きく異なってきてしまい、その係数が何の影響力を表しているのかが判断しにくくなってしまう。もう1つの問題は、得られる偏回帰係数が不安定で信頼性に乏しい値になるという点である。多重共線性がある場合、論理的にありえないような符号や値の係数が得られたり、少数のサンプルを追加しただけで係数が大きく変化するなどの現象が見られる。

　したがって、説明変数間の相関分析を事前に行い、相関の強い説明変数の組み合わせを利用しないように配慮したり、相関の強い変数同士を合成変数に変換するなどして、上述したような問題を回避する努力が必要となる。

第11章

Column11-2

偏回帰係数（重要ではあるが扱いにくい情報）

　回帰係数は因果関係の強さを示す非常に重要な統計量であった。しかし、「説明変数の組み合わせを変えながら分析すると、そのたびに回帰係数の値が変わってしまうんですけど」という質問をよく受ける。

　そこで次のような状況を考えてもらいたい。ある目的変数について重回帰式を作成したとしよう。このとき式に用いた説明変数を変数Aと変数Bとし、変数Aの偏回帰係数を $b_{A[B]}$ とする。さて、今度は、同じデータを使って変数Aを変数Bではなく変数Cと組み合わせて重回帰式を作ったとしよう。このとき算出される変数Aの偏回帰係数を $b_{A[C]}$ としよう。$b_{A[B]}$ と $b_{A[C]}$ はともに変数Aの目的変数に対する影響力を表しているがその値は同じになるだろうか？　実は、通常この2つの値は一致しない。$b_{A[B]}$ も $b_{A[C]}$ もその概念的定義（他の説明変数の変動がない状況の中で説明変数Aが1単位変化した際の目的変数の変化量）は同じであるにもかかわらず、一緒に回帰式に含まれる変数の組み合わせが違うだけで数値が異なってきてしまうのである。

　こうしたことは説明変数同士の共変動関係（多重共線性）が引き起こす現象である。変数Aに係る偏回帰係数は変数Aの影響力をただ単純に表現しているのではない。実は、変数Aを構成する要素のうち「他の説明変数と独立している要素」の部分のみの影響力を表しているのである。たとえば、体重と身長がともに説明変数に含められた場合、体重の偏回帰係数は、身長によって左右されない体重の要素（肥満度など）が持つ影響力を表していることになる。

　したがって、どの変数が一緒に分析されるかによって偏回帰係数で示される影響力の主体が異なってくるし、当然、偏回帰係数の値自体も変わってくるのである。このことは多重共線関係の問題を理解する際の基礎になる。回帰係数は説明変数の影響力を示唆する重要な指標であるが、その解釈は極めて慎重に行わなければならない。

5　おわりに

　回帰分析は、量と量の因果関係を解明しそれを意思決定につなげていくための手法としてマーケティング分析の中でも広く利用されている。今後、データ収集環境

の整備がますます進んでいくにつれて、こうした手法の必要性も増してくるであろう。本章では、回帰式の作成から活用までの流れの中で算出されるさまざまな統計量や検定量の意味とそこからの情報の引き出し方を中心に説明してきた。その内容は入門者向けの基本的なものであるが、冒頭のＡさんがこの内容を知れば、Ａさんはより発展性があり説得力を持った意思決定を行えるようになるかもしれない。ただし、重要なことは回帰分析を知っているかどうかではなく、回帰分析を使うかどうかである。したがって、まずは実際に分析を行ってみてほしい。材料は身の回りにたくさん落ちている。いろいろな量的変数の組み合わせを考えながら何らかの仮説モデルが浮かんだら、その時初めて本章の内容が活かされることになるだろう。

？考えてみよう

1．コンビニエンス・ストアに行き、できるだけ多くの説明変数―目的変数の組み合わせを考えてみよう。
2．重回帰分析の場合、説明変数の間に見られる相関関係が強いとどのような問題が生じてくるのか考えてみよう。
3．回帰分析を行う前に相関分析を行っておくとどのようなメリットがあるか考えてみよう。

参考文献

＜基本書＞

宮川公男『基本統計学（第4版）』有斐閣、2015年。

東京大学教養学部統計学教室編『統計学入門』東京大学出版会、1991年。

森田優三・久次智雄『新統計概論』日本評論社、1993年。

＜ソフトウェアの使い方＞

内田　治『すぐわかるEXCELによる回帰分析』東京図書、2007年。

小野寺孝義・山本嘉一郎編『SPSS事典―BASE編』ナカニシヤ出版、2004年。

宮脇典彦・和田　悟・阪井和男『SPSSによるデータ解析の基礎（改訂版）』培風館、2011年。

次に読んで欲しい本

芝　祐順・南風原朝和『行動科学における統計解析法』東京大学出版会、1990年。

土田昭司『社会調査のためのデータ分析入門―実証科学への招待』有斐閣、1994年。

南風原朝和『心理統計学の基礎—統合的理解のために』有斐閣アルマ、2002年。

第IV部

発展編

第 **12** 章

因子分析

第1章
第2章
第3章
第4章
第5章
第6章
第7章
第8章
第9章
第10章
第11章
第12章
第13章
第14章
第15章

1　はじめに

　あなたには、お気に入りのブランドがあるだろうか。あるとすれば、そのブランドに対し、あなたはどのようなイメージを有しているだろうか。一口にブランド・イメージといっても、さまざまなものがある。そこで、消費者に直接質問をし、自社あるいはさまざまな企業のブランドがどのようなイメージを持たれているか調査するといったマーケティング分析を実施することがある。

　当然、同一のブランドに対しても、回答者によってさまざまなイメージがある。例えば、「デザインが良い」「かっこいい」「おしゃれである」「伝統がある」といった好意的なものもあれば、「ダサい」「すぐ壊れる」「時代遅れ」といったネガティブなイメージをもたれていることもある。

　こうした調査の結果から、「デザインが良い」と回答した人が最も多く、次いで「伝統がある」、……などと集計しても、ある程度の知見を得ることは可能であろう。しかし、それでは結果があまりに散漫になってしまい、他のブランドと比べてどのような特徴、あるいは強み／弱みを有しているのかわかりにくいことが多い。

　考えてみると、「デザインが良い」「かっこいい」「おしゃれである」「ダサい」などは、どれもデザインやスタイルといった外観に関するイメージを述べている。一方、「伝統がある」「時代遅れ」はどちらも、当該ブランドに古い歴史があることをそれぞれ肯定的、否定的に捉えたイメージとしてまとめることができる。上の例では、「すぐ壊れる」だけが品質面を述べたイメージとして独立している。

　このように、消費者によって回答されるデータの中には、表現が違っていてもその背後に共通の要因が潜んでいることも多い。そのような情報を得たい場合、本章で述べる因子分析が有効となる。

2　因子分析とは何か

　因子分析は、心理学や社会学などさまざまな分野で頻繁に利用される分析手法の1つであり、マーケティング分析においても研究、実務の両面で広く活用されている。そもそも因子分析は、知能の構造を解明するために心理学者が深く関わって開

【表12-1　質問票の例】

(問)　『無印良品』についてお聞きします。以下の9項目に関して、「全くそう思
　　わない」を1、「非常にそう思う」を5とした時、『無印良品』のイメージに
　　最も近いと思う番号に○をつけて下さい。

	全くそう 思わない				非常に そう思う
Q1　品質が良い	1	2	3	4	5
Q2　高級感がある	1	2	3	4	5
Q3　安心感がある	1	2	3	4	5
Q4　伝統がある	1	2	3	4	5
Q5　デザインが良い	1	2	3	4	5
Q6　人に見せたくなる	1	2	3	4	5
Q7　他にはない特徴がある	1	2	3	4	5
Q8　こだわりがある	1	2	3	4	5
Q9　ステータスが高い	1	2	3	4	5

発された統計手法である。知能やブランド・イメージなどは、直接観測すること ができない構成概念である。直接測定することのできない潜在的な構成概念（潜在変 数）を、実際に観測される複数の変数（観測変数）間の相関関係から発見しようと するのが因子分析である。

　表12-1は、ブランド・イメージ調査で使われる質問票の一例である。ここに 挙げられた質問項目のひとつひとつについて平均値を算出し、どのイメージが高い かを調べてもよい。しかし、この調査結果から得られた相関マトリクス（表12- 2）を見てみると、表のあちらこちらに非常に高い相関係数が存在していることに 気づく。質問項目が互いに独立している（無関係である）のであれば、このような ことは起こらない。したがって、これら9個の質問項目には互いに関連している項 目がある、すなわち質問項目の背後に何らかの要因が潜んでいることが予想できる。

　そのような場合に因子分析を行うと、質問項目の背後にある、少数個の潜在的な 変数を発見することができる。その潜在変数が因子と呼ばれるものである。一言で いうと、因子分析の目的は因子を見つけることであるといえる。

　因子分析は活用しやすい分析手法であるが、分析結果を解釈するにあたって、初 学者には難しく感じられる用語も多い。ただし、そうした用語も一度理解してしま えば、それほど複雑なものではない。ここからは、因子分析結果の例を使いながら そうした用語について説明していこう。

【表12－2　相関マトリクスの例】

	Q 1	Q 2	Q 3	Q 4	Q 5	Q 6	Q 7	Q 8	Q 9
Q 1	1	.931**	.911**	.303**	.368**	.348**	.308**	.218*	.352**
Q 2	.931**	1	.892**	.268**	.341**	.313**	.297**	.232*	.356**
Q 3	.911**	.892**	1	.335**	.379**	.346**	.383**	.302**	.405**
Q 4	.303**	.268**	.335**	1	.916**	.889**	.532**	.529**	.540**
Q 5	.368**	.341**	.379**	.916**	1	.900**	.549**	.531**	.542**
Q 6	.348**	.313**	.346**	.889**	.900**	1	.502**	.463**	.503**
Q 7	.308**	.297**	.383**	.532**	.549**	.502**	1	.902**	.892**
Q 8	.218*	.232*	.302**	.529**	.531**	.463**	.902**	1	.801**
Q 9	.352**	.356**	.405**	.540**	.542**	.503**	.892**	.801**	1

*は５％水準で有意、**は１％水準で有意を表している。

　表12－3は、表12－1で示したアンケートの回答を因子分析にかけた結果の例である。まず、因子分析は、相互の質問項目が関連し合っている潜在的な要因を探し出し、その関連をいくつかの因子（潜在変数）で説明しようとする。したがって、因子分析を行った場合、第一に、どのような因子が抽出されたかという点に着目する。表12－3において、表の上段に第一因子～第三因子と書かれている。これは、９個の質問項目に対し、３つの因子が抽出されたことを表している。これらの因子にはそれぞれ「差別性」「信頼性」「自己表現」という因子名がつけられている。

　このような因子の名称は、どのようにつけられるのか疑問に思われた読者もいる

【写真12－1　無印良品の店舗】

写真提供：㈱良品計画社

【表12‐3　因子分析結果の例】

観測変数（質問項目）	第一因子 差別性	第二因子 信頼性	第三因子 自己表現	共通性
他にはない特徴がある	.956	.167	.109	.954
こだわりがある	.938	.129	.127	.912
デザインが良い	.901	.164	.201	.879
安心感がある	.129	.895	.303	.910
品質が良い	.195	.894	.299	.928
伝統がある	.177	.885	.247	.875
ステータスが高い	.162	.260	.951	.999
高級感がある	.088	.281	.857	.821
人に見せたくなる	.222	.291	.818	.804
寄与率（%）	30.820	29.861	29.103	
累積寄与率（%）	30.820	60.680	89.783	

であろう。因子の名称は、分析者が主観的に命名する。もちろん、むやみに名づけるわけではない。それぞれの因子が、各質問項目とどのように関連しているのかに基づいて命名される。

　その判断材料となるのが因子負荷、因子負荷量、または因子パターンと呼ばれる値であり、表中の数字がそれを表している。因子負荷は一般に、－1.0～1.0の値をとり（厳密にはこの値を超えることもあり得る）、絶対値が1に近いほど関連性が高いことを意味する。表にあるように、すべての因子がすべての質問項目と関わっているが、因子負荷はその強弱を表している。ここで、関連性の有無を決める明確な基準があるわけではなく、その判断は分析者に委ねられている。分析者は各因子がどの質問項目と関わり合いが強いかを見て、因子の解釈を行い因子名を決めていく。

　表12‐3を見ると、第一因子は「他にはない特徴がある」「こだわりがある」「デザインが良い」の因子負荷が第二因子、第三因子と比べて高くなっている（高い因子負荷に網掛けがされている）。この3つの質問項目の内容から、第一因子は「差別性」を表す因子と判断されたわけである。第二因子、第三因子も同様に、因子負荷の高い質問項目に共通している要因に基づいて命名されていることがわかる

【図12‐1　因子分析の基本ステップ】

1．相関マトリクスで質問項目間に相関が多く見られることを確認する

2．因子分析を行って因子を抽出する

3．因子の数を決める

4．回転を行って因子の解釈をしやすくする

5．共通性や因子負荷から、質問項目の削除を検討する
（項目を削除した場合は2．に戻る）

6．因子負荷に基づいて因子を解釈し、因子名をつける

であろう。

　なお、因子分析を行った際、どの因子とも関連性（因子負荷）が低い項目があっ
たり、複数の因子と関連性が高い項目が出てきたりすることがある。そのような場
合、それらの項目を削除して再度因子分析を行うといった対処をすることも可能で
ある。また、因子負荷を用いるのが一般的であるが、因子構造に基づいて因子を解
釈することもできる。因子構造とは、因子と観測変数の相関係数のことである。
Column12‐1で述べる直交回転を行った場合、因子負荷と因子構造は一致するが、
斜交回転を実行すると両者は一致しなくなる。**図12‐1**には、因子分析の基本的
なステップが示されている。

　強弱は違っても、各因子はすべての観測変数に対し共通して影響を及ぼしている。
そのため、抽出された因子は共通因子と呼ばれる。一方、観測変数には、共通因子
からは予測できない独自の部分（残差）があり、これを独自因子と呼ぶ。

　表12‐3の最右列にある「共通性」は、観測変数の分散のうち、共通因子で説
明できる割合、言い換えれば、各質問項目に対して、共通因子で説明される部分が

Column12 - 1

回　　転

　因子分析を行って、最初に出される結果（解）を初期解という。この初期解で因子がうまく解釈できればそれでよいが、そうならないことの方が多い。そこで、因子の解釈がしやすくなるような解を探すために行う操作が因子軸の回転である。因子負荷を座標値とし、観測変数を（因子）空間に配置した場合、新しい軸をどこへ引いても新たな座標値はすべて因子負荷の正しい解となる。このように、因子分析には回転の不定性といって、因子軸を回転させても、データとモデルの適合の程度を変えることなく解釈可能な因子負荷を得ることができるという性質がある。

　回転の方法は大きく分けて2種類ある。1つは直交回転であり、もう1つは斜交回転である。直交回転とは、すべての軸を一緒に（直交させたまま）回転させる方法であり、斜交回転は、軸を別々に回転させる方法である。直交回転は、共通因子間が独立である、すなわち因子間相関が0という強い制約の下で回転を行う方法であり、代表的な方法にバリマックス回転がある。直交回転の場合、因子負荷と因子構造が一致し、解釈がしやすくなるため頻繁に利用される。

　一方、斜交回転では因子間の相関を許容し、自由に回転させる。代表的な方法としては、プロマックス回転を挙げることができる。斜交回転の場合、因子負荷と因子構造の値が異なるため、コンピューターで分析を実施すると両者が別個に出力される。ところで、マーケティングの論文においても直交回転であるバリマックス回転を用いた分析が多く見受けられるが、マーケティングを含めた社会科学の分野において、抽出された因子が互いに独立（無相関）であるという仮定はあまり現実的でない。特別な事情がない限り、斜交回転を行う方が望ましいといえる。

　なお、論文や研究発表などにおいて分析結果を示す際は、回転後の結果のみを提示するのが一般的である。

第12章

どの程度あるかを示している。共通性によって、それぞれの質問項目が共通因子を探り出すのに貢献している程度を判断することができる。1つの質問項目ごとに、共通因子の因子負荷を二乗して足したものが共通性であり、最大値は原則、1である。抽出された共通因子を独立変数とし、各観測変数を従属変数とする重回帰分析の枠組みで考えると、共通性は決定係数（R^2）に該当する。

　これに対し、独自因子で説明される程度を示すのが独自性である。各質問項目の回答に及ぼす影響を共通因子と独自因子に分けて捉えるのが因子分析であるから、独自性は観測変数の分散のうち、共通因子で説明できない割合を表している。したがって、1から共通性を引いた値が独自性ということになる。

　表12-3を見ると、下の方に「寄与率」「累積寄与率」とある。まず、寄与率とは因子寄与率のことであり、因子寄与の値から算出される。因子寄与とは、観測変数全体（の分散）のうち、各因子によって説明できる（分散の）大きさを表す指標である。これは因子負荷から判断できるものであるが、因子負荷を単純に合計してしまうと、負の因子負荷がある場合に歪みが生じるので、因子負荷を二乗して足し合わせている。通常、因子寄与の大きなものから順番に第一因子、第二因子、……となっていく。

　因子寄与の最大値は理論上、質問項目の数である。したがって、因子寄与の値は質問項目の数に左右される。そこで、理論上の最大値である質問項目数で因子寄与を割り、パーセントで表現したものが因子寄与率である。累積寄与率とは、この因子寄与率を第一因子から順番に足していったものである。累積寄与率を見れば、抽出された因子全体として、質問項目全体をどの程度説明できているのかがわかる。表12-3では、3つのブランド・イメージ因子で、9つの質問項目の90％近くを説明できていることが表されている。

3 因子分析で何ができるのか

❖ 因子得点

　前項で示した因子分析の結果を使うと、ブランド・イメージ診断を行うことができる。分析の結果から、ブランド・イメージには差別性、信頼性、自己表現という因子が存在することがわかった。すると今度は、さまざまなブランドが、各因子をどの程度有しているのか知りたくなる。因子得点という値を用いるとそれを表すことができ、特定のブランドがどのブランド・イメージ因子に強みを有しているのか把握できるようになる。

　因子得点とは、得られた因子に対して各質問項目の測定値を単に合計するのでは

なく、因子負荷から重みづけを算出し、それを掛けて（すなわち、項目によってウエートを変えて）合計したものである。通常、因子得点は平均0、標準偏差1、に標準化された値となって算出される。

　因子得点は回答者ごとに、因子の数だけ算出される。回答者がどのブランドについて回答しているか識別できれば、各因子得点のブランド別平均値を導くことで、ブランド間の比較が可能となる。例えば、『無印良品』は差別性があり、かつ信頼できるというブランド・イメージである、『ユニクロ』は信頼性の強いブランドであるが、他のブランドに比べ自己表現性に欠けるようである、などといった具合である。

❖ 消費者理解への適用

　消費者行動の理論に基づくと、消費者の購買意思決定プロセスは、消費者の問題認識からスタートする。ここでいう問題認識とは、消費者が理想とする状態と、現状の間に一定の範囲（閾値）を越えたギャップを感じることと定義され、そのギャップを埋めようとニーズが生じる。

　この時、消費者がどのような目標を有しているのかによって、ニーズの生じ方や充足方法、その後の購買プロセスに違いが出る。例えば、理想的な健康状態と実際の健康状態の間にギャップを感じることは誰にでも経験のあることであろう。しかし、ある人は「病気にならない」という目標（理想状態）を有しているのに対し、別の人は「極めて良好な健康状態」という目標を有しているかもしれない。

　このように、消費者の目標も一様ではない。そこで、健康に関して消費者が有しているさまざまな目標を網羅した質問項目を作成し、多数の消費者にアンケートを

第12章

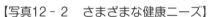

【写真12‐2　さまざまな健康ニーズ】

いずれも写真提供：ピクスタ

実施すれば、因子分析によって消費者目標の背後にある共通因子を見つけ出すことができるであろう。すると、今よりもさらに良い状態になることを志向する因子、悪化した状態の回復を志向する因子に加え、現状の維持を志向する（今より悪くならないようにする）因子が抽出されるかもしれない。

　さらに、これらの因子が消費者のコミュニケーション反応とどのように関係しているのか、因子得点を用いて分析することもできる。それには別の質問やデータが必要になるが、例えば、参考にする情報源や好ましいと感じる表現を尋ねておくことで、有益な知見を得ることができるであろう。因子得点から回答者を分類し、志向する目標タイプが異なると、参考にする情報源や広告メッセージに対する評価が異なるのか t 検定、分散分析、χ^2 分析などを用いて分析するのもよい。あるいは回答者を分類することなく、因子得点をそのまま使って相関分析や回帰分析を行うこともできる。

4　因子分析で気をつけること

❖ データのタイプ

　因子分析を行うためには、因子分析に使用可能なデータ形式になっていないといけない。具体的には測定尺度の問題であり、名義尺度、順序尺度、間隔尺度、比例尺度のうち、厳密には間隔尺度または比例尺度でないと通常の因子分析には使えない。

　「厳密には」というのは、順序尺度でも因子分析を行う（暗黙のうちに認めている）ケースが多く見られるからである。例えば、「そう思う＝５」「ややそう思う＝４」「どちらともいえない＝３」「あまりそう思わない＝２」「そう思わない＝１」などとする評定尺度法は、マーケティング分析においてもしばしば利用され、この種のデータを用いて因子分析を行った報告例は数多く存在する。厳密にいうとこれは順序尺度であるが、現実的には４段階（４件法）以上であれば間隔尺度として扱うことが許容される傾向にある。しかし、３段階以下の場合は、そのまま因子分析にかけるべきではない。

❖ サンプルおよび質問項目の数

　因子分析に必要なサンプル数について、明確な基準があるわけではない。一般的な目安としては、観測変数の5〜10倍のサンプル数があるとよいとされるが、共通性の大きさや、各因子が強い影響を及ぼす観測変数の数など、いろいろな要因によってその数は違ってくる。共通性がすべて0.6以上であれば、100以上のサンプル数があればよいともいわれる。しかし、そのようなケースはあまり多くない。共通性の値が全体的に低い、あるいは（多くの結果がそうであるように）高いものと低いものが混在している場合、各因子が強い影響を及ぼす観測変数の数が4程度であれば、最低300のサンプル数が必要とされる。

　一方、質問項目はどの程度必要かというと、こちらも決まりがあるわけではない。しかし、ある因子が1つの観測変数にしか影響を及ぼしていないのであれば、因子分析を行う意味があまりない。理想的には、1つの因子から強い影響を受ける観測変数は7以上である方が望ましいといわれるが、これもまた実現は困難である。あくまで目安であるが、少なくとも3つから4つはあった方がよい。したがって、想定される因子数がある程度わかっているのであれば、最低でもその3〜4倍の質問項目を用意するべきである。ただし、質問項目の数が膨大になると回答者への負担が大きくなるので注意が必要である。

❖ 尺度の信頼性

　因子分析では、質問票を用いて収集したデータが対象となる場合が多い。その際、質問票で用いられた質問項目が信頼できるものであるかという点（これを尺度の信頼性という）は、非常に重要である。では、因子分析において、尺度の信頼性とは何を意味するのか。表12‐3を例に説明しよう。

　表12‐3を見ると、9つの質問項目のうち、上から順番に3項目ずつが「差別性」「信頼性」「自己表現」にそれぞれ深く関わっている。ここで、例えば、表12‐1のQ7、Q8、Q5が同じ「差別性」について尋ねていることになっているか、というのが尺度の信頼性である。その信頼性を表す指標がクロンバックのα係数（単にクロンバックのαまたはα係数と呼ばれることも多い）であり、同じ構成概念（因子）内の質問項目に一貫性があるか（これを内的整合性という）を示す。

Column12 - 2

探索的因子分析と確認的因子分析

　本章の記述からもわかるように、因子分析は観測変数から因子（潜在変数）を探し出すという探索的な側面を有している。そこで、本章で説明したような因子分析のことを探索的因子分析と呼ぶことがある。一般に、因子分析というと探索的因子分析を指す。探索的因子分析では、因子の構造などを事前に仮定することなく、どのような因子が存在しているのかを探し出すことが主たる目的となる。

　これに対し、確認的因子分析（検証的因子分析ということもある）と呼ばれる方法も存在する。これは、分析者があらかじめ特定の因子を仮定しており、データに基づいてその因子の存在を確かめることが目的となる。ただし、確認的因子分析においても因子負荷まで仮定することはない。仮定されるのは、⑴因子の数、⑵どの因子がどの観測変数と関係しているか、⑶因子間の関係、だけである。この確認的因子分析は、第14章で述べる共分散構造分析に含まれる。分析者の仮定が正しかったかどうかの確認（検証）は、共分散構造分析におけるモデルの適合度指標（第14章を参照されたい）に基づいてなされる。

　探索的因子分析では、強弱こそあれすべての因子がすべての観測変数に影響を及ぼすと考えるのに対し、確認的因子分析では各因子が特定の観測変数にのみ影響を与え、その他の観測変数には影響を及ぼさないと考えるところに大きな違いがある。ちなみに、因子軸の回転を行うのは探索的因子分析の場合のみであり、確認的因子分析では行われない。

　クロンバックのα係数は、特定の因子が影響を及ぼすとされる観測変数の間にどの程度相関があるかを表している。しかし、そもそも、因子分析を行った場合、同じ因子が大きな影響を及ぼすと判断される観測変数群は、それらの相関が高い（同一因子に対して高い因子負荷が算出されている）ためにそう判断される。したがって、クロンバックのα係数が高いことを示すのはトートロジーであるともいえる。因子分析を行ったら必ずクロンバックのα係数を算出しなければならないというものでもない。ただし、Column12 - 2で述べた確認的因子分析の場合は、分析者の仮定が正しいか判断する材料の1つとして、クロンバックのα係数は意味をもつ。

　クロンバックのα係数にも明確な基準は存在しないが、一般に、0.8以上あれば信頼性は高いと判断できる。しかし、0.8未満であったからといって尺度の信頼性が完全に否定されるわけではない。0.6以上あればよいという主張もある。また、

質問項目の数が多くなるとクロンバックのα係数は高くなる傾向にあることも認識しておく必要がある（ただし、質問項目数が少なくてもそれらの相関が高ければα係数は高くなる）。

5 おわりに

　本章では、因子分析について説明し、因子分析の結果を解釈する上で知っておくべき基本的な指標について述べた。最後に、因子分析を使った研究発表を行う際、記載すべき事項について述べることで本章のまとめに代えたい。

　研究発表の際、記述すべき事項は、①因子抽出法、②因子数の決定方法、③回転の方法、④因子名の決め方、⑤削除した質問項目とその基準、⑥因子分析表（質問項目、因子負荷、寄与率、累積寄与率、共通性）である。このうち、③、④、⑥についてはColumnおよび本文中で説明済みなので、残りの事項について簡潔に説明しておく。

　因子抽出法については、特別の事情がない限り、理由まで説明する必要はない。主因子法、最小二乗法、最尤法などが一般的である。因子数は各因子に対して算出される固有値という値に基づいて決めるのが一般的であり、「最小値を設定する方法」と「スクリープロット（固有値をグラフ化した図、右下がりの曲線状を描く）を見て決める方法」の2通りがある。前者では通常、最小値を1に設定すること（カイザーガットマン基準）が多く、後者の場合は曲線の傾きが変化する（急であったのがなだらかになる）ポイントを分析者が判断し、そのポイントまでを因子として採用する。

　質問項目の削除については本文中で少し触れたが、因子負荷が複数の因子に対して高い、あるいはすべての因子に対して低い項目や、共通性の低い項目が削除の対象となる。その明確な基準はないが、目安としては複数の因子に対して因子負荷が0.6以上、反対にすべての因子負荷が0.4未満の質問項目は削除の対象として検討される。また、共通性の大きさとしては、0.4以上というのが一般的な採用ラインとなっている。

　ここに挙げた記述すべき事項は一般的なものであり、絶対的な決まりではない。因子間相関など、ここに示されていないものでも、必要に応じて適切な指標を記述するよう心掛けてほしい。

第12章

❓考えてみよう

1. 因子分析とはどのような分析であるか、まとめてみよう。
2. マーケティング変数をできるだけ多く挙げ、どの変数が観測可能な変数で、どの変数が潜在変数であるか考えてみよう。
3. 因子分析とよく似た統計手法に、主成分分析という手法がある。主成分分析について調べ、因子分析と何が違うのか考えてみよう。

参考文献

南風原朝和『心理統計学の基礎―統合的理解のために』有斐閣アルマ、2002年。
松尾太加志・中村知靖『誰も教えてくれなかった因子分析』北大路書房、2002年。
渡部　洋編『心理統計の技法』福村出版、2002年。

次に読んで欲しい本

石村光資郎（著）・石村貞夫（監修）『SPSSによる多変量データ解析の手順（第6版)』東京図書、2021年。
石村貞夫・劉晨・石村光資郎『SPSSでやさしく学ぶ多変量解析（第5版)』東京図書、2015年。

第 **13** 章

コンジョイント分析

第1章
第2章
第3章
第4章
第5章
第6章
第7章
第8章
第9章
第10章
第11章
第12章
第13章
第14章
第15章

1 はじめに

　スマートフォン（スマホ）で音楽を聴きながら通学するという読者も少なくない
だろう。スマホさえあれば手軽にたくさんの使い方ができ、音楽もまた例外ではな
い。しかし、スポーツや健康のためにランニングする人は通常のスマホよりもさら
に軽くて小さい携帯音楽プレーヤーが役立つかも知れない。音楽をもっと高品質で
楽しみたいと追求する人には高性能なプレーヤーも販売されている。さらに、語学
のリスニングのために購入を考える人もいるだろう。

　プレーヤーに悩むのは消費者ばかりではない。プレーヤーを製造するメーカーも
また悩みながら新商品の開発に取り組んでいる。メモリ容量は32GBにすべきか、
64GBにすべきか、それともより大きく設定した方が良いのだろうか。連続再生時
間は12時間、24時間、あるいはもっと長い時間のものを実現すべきだろうか。価
格も２万円台、３万円台、またはより高く設定した方がよいのだろうか。このよう
な点を検討する際、単純に思いつくのは各点を個別にリサーチしていく方法である。
例えばメモリ容量について32GBと64GBのどちらが消費者に好まれるのか、価格
について２万円台と３万円台のどちらが喜ばれるのかといった内容を消費者にリ
サーチして明らかにしていくのである。難しいリサーチを必要としないうえに得ら
れる結果も理解しやすいだろうが、問題なのは面白味のない当たり前のリサーチ結
果が生まれかねないことである。例えばメモリ容量はより大きいものが好まれ、価
格はより安いものが喜ばれるといった結果のように……。

　本章で取り上げるコンジョイント分析は、そのような当たり前の結果ではなく一
歩踏み込んだ内容を知りたいときに有効となる手法である。

2 コンジョイント分析の前提

　携帯音楽プレーヤーを実際に買おうとする場面をイメージしてほしい。「メモリ
容量はできるだけ大きいものを選びたいが、だからといって価格が高くなってしま
うと困る」「連続再生時間の長いしっかりしたプレーヤーを手に入れたいが、とは
いえ重みのあるプレーヤーを買うのは避けたい」などといった具合に、多くの消費

者はいくつかの点を組み合わせて考えているはずである。とすればプレーヤーを開発するメーカーではメモリ容量、連続再生時間、重さ、価格などを互いに組み合わせた消費者リサーチが求められるだろう。ここにコンジョイント分析の必要性が生まれてくる。

　携帯音楽プレーヤーを例にとった場合、消費者にとって検討されやすいのはメモリ容量、連続再生時間、重さ、価格にくわえて音質、操作性、カラーなど多岐にわたっている。さらに個別に見ていくと、先にも述べたとおり、メモリ容量では32GBや64GB、連続再生時間では12時間や24時間、価格では2万円台や3万円台といった具合にいくつかのバリエーションが設けられている。コンジョイント分析ではこれらに属性および水準という用語を当てはめて理解しており、たとえばメモリ容量や連続再生時間などを属性、さらに32GB・64GBや12時間・24時間などのバリエーションを水準と呼んでいる。したがって、いま**表13−1**のように4つの属性と2つの水準をもとに携帯音楽プレーヤーを捉えていくと、一例として**図13−1**のような組み合わせが考えられるだろう。

　携帯音楽プレーヤーばかりでなくトートバッグの例もあげてみると、たとえば素材、形状、サイズなどは属性、ならびに帆布・エナメル・革、角型・丸型・舟型、S・M・Lなどのバリエーションは水準として扱うことができる。目に見える有形のモノばかりではない。目に見えない無形のサービスに対してもコンジョイント分析を行うのが可能である。たとえばゼミやサークルの飲み会むけの居酒屋をイメージすると、飲み放題の時間、酒の種類、個室の収容人数などを属性、90分・120分・150分、5種類・10種類・15種類、10名・30名・50名などのバリエーションを水準として分析が進められる。

　コンジョイント分析の適用範囲は広いが、しかし例外もある。これまで見てきた携帯音楽プレーヤーやトートバッグと異なり、商品をいくつかの特徴（属性）に分

第13章

【表13−1　携帯音楽プレーヤーの属性と水準】

属　　性	水　　準	
メモリ容量	32GB	64GB
連続再生時間	12時間	24時間
重　　さ	100g	200g
価　　格	23,800円	35,800円

【図13−1　携帯音楽プレーヤーの一例】

メモリ容量：64GB

連続再生時間：12時間

重さ：100g

価格：35,800円

【写真13－1　居酒屋での飲み会】

筆者撮影

けて捉えられない場合にはコンジョイント分析が困難である。さらに特徴（属性）に対して主観的な言葉が挙がってしまう場合にもコンジョイント分析は適さない。たとえばペットボトル飲料を対象にリサーチを進めるとして、甘い・辛い・苦いなどの味のバリエーションを用意しても質問者と回答者のイメージする味が互いに一致するとは限らない。このような場合にはコンジョイント分析を進めにくいのである。くわえて分析のなかで扱う属性と水準の数はそれぞれ4つ以内が適当であるといわれている。5つ以上の属性と水準が挙がってしまう場合にはプリテスト（事前テスト）によって属性と水準を絞り込むべきであるが、絞り込みが難しいときはコンジョイント分析に代わる手法を考えた方がよいだろう。

3 コンジョイント分析の実施

　再び携帯音楽プレーヤーの例を見てみよう。前掲の表13－1のように4つの属性に2つずつの水準をイメージすると、2×2×2×2という掛け算によって計16通りの組み合わせが考えられる。理想的には16通りのすべてをリサーチ対象として消費者に評価してもらいたいところであるが、16通りすべての回答は負担と

Column13-1

多属性態度アプローチとコンジョイント・アプローチ

　消費者を考察するために従来から多属性態度アプローチという方法がよく用いられてきた。例えば商品が買われたときにその理由が価格なのか機能なのか、またはデザインなのかといった個別の要素にそって理解していこうとする姿勢は多属性態度アプローチのよい例である。「部分から全体へ」といった言葉で表現することもできるだろう。一方、コンジョイント分析に見られるいわばコンジョイント・アプローチでは「全体から部分へ」といった表現がよく当てはまる。総合的な結果をじっくり観察するところから詳しい理由を明らかにしていくためである。数学的な説明をするなら、掛け算の論理（$29 \times 3 = 87$）が多属性態度アプローチであるのに対して、コンジョイント・アプローチは因数分解の論理（$87 = 29 \times 3$）であるともいえよう。

　さらに消費者の回答内容について見ると、多属性態度アプローチでは消費者のオピニオン（意見）を重んじている。例えば商品の購入理由として「メーカーが信頼できるから」とか「性能が良いから」といった理性的かつ建前志向の答えが挙がりやすいのは、多属性態度アプローチの特徴の1つである。対してコンジョイント・アプローチではオピニオン（意見）よりも素朴な行動により重きを置いているため、感性的かつ本音志向の答えが得られやすい。コンジョイント分析を理解するためには、基礎として両アプローチの違いを知っておくとよいだろう。

【表13-2　両アプローチの違い】

多属性態度アプローチ	コンジョイント・アプローチ
理由を聞いて⇒積み上げる 部分から全体へ 掛け算の論理（$29 \times 3 = 87$） オピニオン調査 理性的・建前志向	結果を観察して⇒理由を知る 全体から部分へ 因数分解の論理（$87 = 29 \times 3$） 行動分析 感性的・本音志向

出典：朝野（2000）、130ページ。一部を修正した

第13章

なるうえにリサーチ費用もいたずらに大きくなってしまう。ゆえにリサーチ対象となる組み合わせをうまく限定させる必要があるが、そのときに各水準の出現バランスと属性間の組み合わせの出現バランスを考えるべきである。たとえば全部で6通

【写真13‐2　携帯音楽プレーヤーの例「ウォークマン」】

写真提供：ソニーグループ株式会社

りの組み合わせをリサーチする場合、対象となるメモリ容量がすべて32GBであってはならない。6通りのなかで水準をバランスよく出現させるためには32GBと64GBを3通りずつ出現させるのが適当である。同じように連続再生時間についても12時間と24時間を3通りずつ出現させるのが好ましい。さらに属性間の組み合わせとして、例えばメモリ容量32GBと連続再生12時間のセットだけが多くを占めるような状態は避けたい。属性間の組み合わせの出現バランスを整えるためには、メモリ容量32GBに対して連続再生時間の12時間と24時間がそれぞれ等しい割合でセットになっている必要がある。重さや価格についても同様、各属性の水準をそれぞれ等しい割合でセットにしなくてはならない。

　上のように考えると、計16通りの組み合わせの中からリサーチ対象を限定していくのも容易でないことがわかってくる。各水準の出現バランスと属性間の組み合わせの出現バランスを揃えるために工夫が求められるが、そこで役立つのが直交表である。例としてL8直交表（**表13‐3**）をあげると、1列や2列などの各列はすべて属性に対応している。さらに各列に記された1や2という数字はいずれも水準に対応しているため、たとえば1列をメモリ容量にしたときは同列の1や2という数字を32GBや64GBと割り付けることができる。同じように2列を連続再生時間にしたときは1や2という数字を12時間や24時間として割り付けられるだろう。属性と水準の数に基づいて直交表にはさまざまな種類が見受けられるが、ここで例

【表13 - 3　Ｌ８直交表】

No	1列	2列	3列	4列	5列	6列	7列
1	1	1	1	1	1	1	1
2	1	1	1	2	2	2	2
3	1	2	2	1	1	2	2
4	1	2	2	2	2	1	1
5	2	1	2	1	2	1	2
6	2	1	2	2	1	2	1
7	2	2	1	1	2	2	1
8	2	2	1	2	1	1	2

　示しているＬ８直交表は７つ以内の属性にそれぞれ２つの水準が設けられた商品を想定している。しかし直交表の種類の違いにかかわらず、いずれの表においても各水準と属性間の組み合わせの出現バランスが整うように列内の数字がうまく記されていることを確認しておきたい。

　さて上述したＬ８直交表であるが、続く３列や４列を重さや価格として列内にそれぞれの水準を記していくと**表13 - 4**のようになる。これに従うと、例えば商品案２は「メモリ容量32GB、連続再生12時間、重さ100ｇ、価格35,800円」という組み合わせになる。さらに商品案５や商品案８を例にとってみると、それぞれ

【表13 - 4　Ｌ８直交表にもとづく属性と水準の割り付け】

No	メモリ容量	連続再生時間	重さ	価格	5列	6 列	7列
1	32GB	12時間	100ｇ	23,800円	1	1	1
2	32GB	12時間	100ｇ	35,800円	2	2	2
3	32GB	24時間	200ｇ	23,800円	1	2	2
4	32GB	24時間	200ｇ	35,800円	2	1	1
5	64GB	12時間	200ｇ	23,800円	2	1	2
6	64GB	12時間	200ｇ	35,800円	1	2	1
7	64GB	24時間	100ｇ	23,800円	2	2	1
8	64GB	24時間	100ｇ	35,800円	1	1	2

第13章

【図13-2　コンジョイント・カードの例】

商品案2	商品案5	商品案8
メモリ容量：32GB	メモリ容量：64GB	メモリ容量：64GB
連続再生時間：12時間	連続再生時間：12時間	連続再生時間：24時間
重さ：100ｇ	重さ：200ｇ	重さ：100ｇ
価格：35,800円	価格：23,800円	価格：35,800円

「メモリ容量64GB、連続再生12時間、重さ200ｇ、価格23,800円」「メモリ容量64GB、連続再生24時間、重さ100ｇ、価格35,800円」の組み合わせになることがわかるだろう。消費者にリサーチを行うときは、商品案を読み上げるのではなくコンジョイント・カードを活用するのが好ましい。コンジョイント・カードとは属性および水準をわかりやすく記したものであり、上にあげた3つの商品案に基づくと図13-2のようなカードを作成できるはずである。

4 コンジョイント分析の結果

　コンジョイント・カードが用意できたら、いよいよ消費者に満足度を尋ねていく手順となる。L8直交表に従えば8通りの商品案ができあがるため、すべての商品案について10段階で満足度を尋ねることができる。質問としては「8通りの携帯音楽プレーヤーがあります。各プレーヤーを買うときに、その満足度をお答えください（1：非常に不満〜10：非常に満足）」といった内容を設けるとよいだろう。満足度は必ずしも10段階だけの回答に縛られない。データ集計の都合に応じて5段階や7段階になっても良いし、場合によっては100点満点で回答してもらっても構わない。

　例えばいま5名の回答者が10段階で答えていったとすると、表13-5のような結果が得られるだろう。回答者1について見ると商品案1に7点、商品案2に6点、商品案3に7点、商品案4に5点、商品案5に7点、商品案6に6点、商品案7に10点、商品案8に8点の満足度がそれぞれ付けられている。回答者2から回答者5までの満足度についても同じように把握できる。では、ここで得られた回答をどのようにデータ処理していけばよいのだろうか。コンジョイント分析ではデータの

【表13-5　集計データの例】

回答者	商品案1	商品案2	商品案3	商品案4	商品案5	商品案6	商品案7	商品案8
1	7	6	7	5	7	6	10	8
2	8	5	7	5	6	6	9	8
3	7	4	7	6	7	6	10	9
4	7	5	6	5	6	5	9	8
5	8	5	7	4	7	6	9	8

【表13-6　「1」「0」データへの変換】

回答者	32GB	64GB	12時間	24時間	100g	200g	23,800円	35,800円	満足度
1	1	0	1	0	1	0	1	0	7
1	1	0	1	0	1	0	0	1	6
1	1	0	0	1	0	1	1	0	7
1	1	0	0	1	0	1	0	1	5
1	0	1	1	0	0	1	1	0	7
1	0	1	1	0	0	1	0	1	6
1	0	1	0	1	1	0	1	0	10
1	0	1	0	1	1	0	0	1	8
2	1	0	1	0	1	0	1	0	8
2	1	0	1	0	1	0	0	1	5
・	・	・	・	・	・	・	・	・	・
・	・	・	・	・	・	・	・	・	・

扱いやすさを考えて、得られた回答を「1」「0」データへと変換している（**表13-6**）。たとえば商品案1は「メモリ容量32GB、連続再生12時間、重さ100g、価格23,800円」なので、メモリ容量の32GBを1にするとともに64GBを0、連続再生時間の12時間を1にするとともに24時間を0、重さの100gを1にするとともに200gを0、そして価格の23,800円を1にするとともに35,800円を0に変換すればよい。商品案2から商品案8までも同様の手続きによって「1」「0」データへと変換できる。

　データが整ったら、統計ソフトなどを用いてコンジョイント分析を進めていく。統計ソフトの詳しい案内については他の専門書にゆずるとして、ここでは統計ソフトSPSSによるコンジョイント分析の結果について見ていきたい。携帯音楽プレーヤーについて、例えば**表13-7**のような結果が得られたとすると、部分効用値がもっともプラスに働いているのは連続再生24時間であることがすぐにわかる。効用値は商品についての満足度を表しているため、連続再生24時間はもっとも高い満足度をもたらしていると解釈できる。逆に効用値がマイナスに働いている連続再生12時間や重さ200 gは、商品の満足度を下げてしまう要因として理解できるだ

【表13-7　コンジョイント分析の結果例】

属性	水準	部分効用値 −	部分効用値 +	寄与率
メモリ容量	32GB		＊	13%
	64GB		＊＊	
連続再生時間	12時間	＊＊		45%
	24時間		＊＊＊＊	
重さ	100 g		＊＊	29%
	200 g	＊		
価格	23,800円		＊＊	13%
	35,800円		＊	

【図13-3　各属性の寄与率】

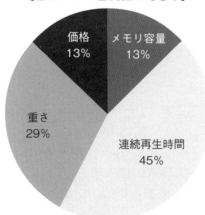

価格 13%
メモリ容量 13%
重さ 29%
連続再生時間 45%

Column13-2

評定型コンジョイント分析と選択型コンジョイント分析

　一口にコンジョイント分析といっても、そのやり方によって評定型コンジョイント分析と選択型コンジョイント分析とに分けられる。前者はさらに完全プロファイル評定型とペアワイズ評定型に分類できるが、たとえば本章で取り扱ったコンジョイント分析の進め方は完全プロファイル評定型にあたる。いくつかのコンジョイント・カードを利用しながら、各カードに描かれた商品案の満足度をそれぞれ採点していくのである。対してコンジョイント・カードを２枚だけに絞り、双方のカードに描かれた商品案のどちらにどのくらい満足できるかを尋ねていけばペアワイズ評定型のコンジョイント分析となる（図13-4）。他方、複数のコンジョイント・カードに記された商品案の中からもっとも満足度の高い商品案を１つだけ選びとるのは選択型コンジョイント分析となる。回答者への負担や分析によって知りたい内容などを考慮しつつ、もっとも適当なコンジョイント分析のやり方を選んでいきたい。

【図13-4　ペアワイズ評定型コンジョイント分析】

Q：以下に２通りの携帯音楽プレーヤーがあります。
　　各プレーヤーを買うときに、その満足度をお答えください。
　　（１：非常に不満～10：非常に満足）

商品案A	商品案B
メモリ容量：64GB	メモリ容量：64GB
連続再生時間：24時間	連続再生時間：12時間
重さ：200ｇ	重さ：100ｇ
価格：35,800円	価格：23,800円

第13章

ろう。寄与率はいわば属性ごとの重要度である。ゆえにもっとも高い値になっている連続再生時間は、携帯音楽プレーヤーでもっとも重要な属性であるとわかる。**図13-3**のような円グラフを描くと、携帯音楽プレーヤーにおける属性ごとの重要度が把握しやすい。

　先にも述べたように、コンジョイント分析の特長の１つは属性間の組み合わせを

調べられる点にある。その点がもっとも顕著なかたちで結果に表れるのは、価格を属性として取り上げた場合である。仮に価格だけを扱って満足度を尋ねていったとすると、多くの回答者はより安い価格において高い満足度を示すだろう。ところが価格と他の属性をたがいに組み合わせてコンジョイント分析を進めていくと、安い価格であってもメモリ容量が少なかったり重さが膨らんでしまったりする時は、結果として高い満足度が得られない。コンジョイント分析では属性間の組み合わせの影響がきちんと反映されるのである。

5 おわりに

　本章では主に携帯音楽プレーヤーを引き合いに出しつつ、コンジョイント分析の前提となる属性と水準を述べたうえでＬ８直交表に基づく属性と水準の割り付けを説明してきた。さらに割り付けの結果として作成されるコンジョイント・カードを示しつつ、集計データの処理方法およびコンジョイント分析の結果について見てきた。専門的な見地による詳しい解説は省いたものの、コンジョイント分析にかかわる要点は理解できるはずである。分析手順については図13－5にも整理されている。

　コンジョイント分析に関連して、最後にいくつか補足しておきたい。まず属性間の組み合わせであるが、消費者にもっとも満足される組み合わせが現実的であるとは限らない。例えば携帯音楽プレーヤーで大きいメモリ容量、長い連続再生時間、軽い重量、安い価格の組み合わせは十分な満足をもたらすだろうが、製造メーカーにとって価格を抑えつつも他の属性で高いレベルを実現するのは決して簡単ではない。実際のところ優れた機能をもたらすために製造コストが膨らんでしまい、価格も高くなってしまうというケースの方が多いだろう。ゆえにコンジョイント分析で用いる属性間の組み合わせは企業にとって実現可能なレベルに保っておく必要があり、そのなかで満足度のもっとも高い組み合わせを模索するのがよいだろう。

　続いて属性間における水準の数であるが、必ずしも等しく設定しておく必要はない。本章で取り上げた携帯音楽プレーヤーの例は、すべての属性（メモリ容量、連続再生時間、重さ、価格）が２つの水準で統一されていた。それはあくまで説明をわかりやすくするための意図であって、実際には特定の属性だけに３つの水準を用意しても構わない。さらに増やして４つの水準を設けるのももちろん可能である。くわえて属性の１つに価格をふくめる場合には注意が求められる。価格は品質のバ

【図13‑5　コンジョイント分析のステップ】

1．分析対象となる製品（サービス）を決める

2．当該製品（サービス）の属性および水準を選ぶ

3．選び出された属性および水準を直交表に沿って割り付けていく

4．コンジョイント・カードを作成する

5．コンジョイント・カードをもとに消費者に対して調査を行う

6．得られた調査データを分析する

7．分析結果から属性および水準のもっとも適当な組み合わせを把握する

ロメーターになり得るため、価格が他の属性と互いに関わり合ってしまい属性ごとの単独の効果がぼけてしまう恐れがある。本章では属性として価格を取り上げているが、実際にコンジョイント分析を進めるときには十分に留意してほしい。

❓考えてみよう

1．身の回りの商品（サービス）を例にとり、7つ以内の属性と2つの水準を考えてみよう。
2．その属性と水準がどのようにL8直交表へ割り付けられるのか考えてみよう。
3．その属性と水準のなかで、効用値（満足度）と寄与率（重要度）がもっとも高くなりそうなものを考えてみよう。

第13章

参考文献

朝野熙彦『入門 多変量解析の実際（第2版）』講談社、2000年。

内田　学・兼子良久・斉藤嘉一『文系でもわかるビジネス統計入門』東洋経済新報
　　社、2010年。

星野崇宏・上田雅夫『マーケティング・リサーチ入門』有斐閣、2018年。

次に読んで欲しい本

菅　民郎『例題とExcel演習で学ぶ多変量解析　回帰分析・判別分析・コンジョイ
　　ント分析編』オーム社、2016年。

神田範明監修、石川朋雄・小久保雄介・池畑政志著『商品企画のための統計分析』
　　オーム社、2009年。

真城知己『SPSSによるコンジョイント分析』東京図書、2001年。

第**14**章

共分散構造分析

第1章
第2章
第3章
第4章
第5章
第6章
第7章
第8章
第9章
第10章
第11章
第12章
第13章
第14章
第15章

1 はじめに

　マーケティング分析のビギナーがよく抱く疑問の1つに、直接測れない変数をど
う扱うかという問題がある。例えばライバル製品との「類似性」や、ターゲット消
費者の「注目度」は、どのようにして計ったらよいだろうか。

　マーケティング分析を進めていくと、次第にこういった、直接観測できない変数
を扱わざるを得なくなる。そこで役立つのが、本章で紹介する「共分散構造分析」
である。共分散構造分析は「構造方程式モデリング」とも、またその頭文字をとっ
て「SEM」ともいわれる。

　共分散構造分析は、極めて柔軟性の高い分析手法である。なぜなら後述するよう
に、自分の考えをモデル化し、その妥当性を検証できるためである。また分析の内
容をパス図によってわかりやすく示すことができることも、大きな特長である。分
析の内容や結果を視覚的に表すことができるため、直感に訴えるプレゼンテーショ
ンが可能となる。

　共分散構造分析は比較的新しい手法であるが、最近ではソフトウェアも充実して
きている。たとえば現時点ではフリーの統計ソフトである「R」で、「sem」パッ
ケージや「lavaan」パッケージを利用して分析が可能である。また商用ソフト
ウェアとしては「AMOS」（エイモス）や「Mplus」（エムプラス）などがある。
これらソフトウェアが普及することによって、誰もが比較的簡単に共分散構造分析
が行えるようになった。

　そこで本章ではビギナーにもわかりやすいよう、共分散構造分析とは何か、また
それを使うと何ができるのかを中心に、概略的な説明をしていく。したがって、本
章では共分散構造分析の具体的な手順には触れない。本章を読み、共分散構造分析
に実際に取り組んでみたくなった方は、章末に記した「これから読んで欲しい本」
を参考にすることをお勧めする。

2 共分散構造分析とは何か

❖ 共分散構造分析の概要

　共分散構造分析とは、直接観察できない潜在変数を導入し、その潜在変数と観測変数との間の因果関係を同定することにより、社会現象や自然現象を理解するための統計的アプローチである（狩野・三浦 2003, p.v）。

　耳慣れない言葉が並ぶ、難しい説明に感じるかもしれないが、因果関係、潜在変数、観測変数といった言葉に注目しながら解釈することで、共分散構造分析の全体像がみえてくる。ひとつひとつ、説明をしていこう。

　共分散構造分析は、複数の変数間の「因果関係」を分析できる手法である。またそれは、因果関係の分析に「潜在変数」という、直接観察できない変数を組み込むことで、「構成概念」同士の関係を分析することを可能にする。

　構成概念とは、とりあえずその存在を仮定することによって、複雑に込み入った現象を比較的単純に理解することを目的として構成した概念である（豊田 1998, p.52）。マーケティングでは構成概念が多用される。たとえば営業力や技術力は、企業の状態を示す構成概念であるし、製品についての満足や好感は、消費者の状態を示す構成概念である。また、このような構成概念の程度を表す変数が潜在変数である。満足や好感といった構成概念の程度は、満足度や好感度といった潜在変数で示すことができる。

　しかし満足度や好感度といった潜在変数は、直接観測することができない。そこでこのような潜在変数を測定するために用いられるのが、観測変数である。観測変数とは、直接観測することが可能な変数、あるいは実際に値を測定することが可能な変数である。

　共分散構造分析の全体像をさらに深く理解するために、その基本構造について、パス図を用いて視覚的に説明する。

第14章

❖ 共分散構造分析の基本構造

　マーケティングでは「市場志向」が大切だといわれる。自社の都合を重視するのでなく、顧客の立場から行動した方が、優れた成果に結びつきやすいというわけである。しかし、このような指摘は本当に正しいのだろうか。

　問題意識をもう少し明確にしよう。たとえば市場志向がもたらす成果はさまざまだが、その１つとして創造的な新製品を生み出しやすくなることが考えられる。つまり「市場志向→新製品の創造性」という仮説を導くことができる。この仮説を検証するには、**図14－1**に示したようなモデルをつくり、分析を行う方法が考えられる。

　モデルについて簡単に説明する。まず「市場志向」と「新製品の創造性」は構成概念である。そこで図14－1には、これら２つを直接観察できない潜在変数として組み込んである。またこれら２つの潜在変数を測定するために、それぞれ３つの観測変数を用いている。各観測項目は、四角の中に書かれた質問文によって測定される。

【図14－1　共分散構造分析の基本構造】

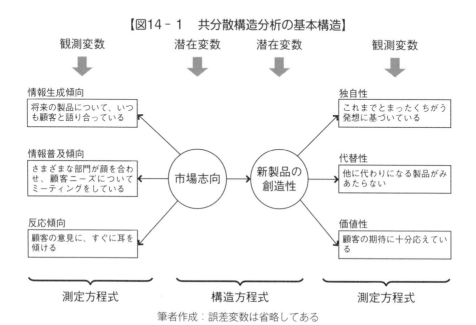

筆者作成：誤差変数は省略してある

　共分散構造分析は、観測変数を用いて潜在変数を測定する「測定方程式」と、潜在変数間の関係を示した「構造方程式」の組み合わせによって構成される。図にはこれら2つの範囲を視覚的に示してある。

　ここで注目したいのが、測定方程式部分の矢印の方向である。図14‑1では、測定方程式部分が、「観測変数→潜在変数」でなく「観測変数←潜在変数」となっている。これは「観測変数を合成すると潜在変数になる」のではなく、「潜在変数の影響が観測変数に表れる」という考えを示している。たとえば図の左部分は「情報生成傾向、情報普及傾向、反応傾向を合成すると市場志向になる」のではなく、「市場志向の程度は、情報生成傾向、情報普及傾向、反応傾向などに表れる」という考えに基づいている。

　企業の中に市場志向性というものが存在し、それが情報生成傾向、情報普及傾向、反応傾向などとしてにじみ出るという発想は、第12章で説明した因子分析の考え方と同じである。因子分析とは、いくつかの観測変数の背後に、因子という共通する要因を仮定する分析手法であった。

　次に構造方程式部分に着目すると「市場志向→新製品の創造性」という矢印がある。これは市場志向が新製品の創造性に影響を及ぼすという考えを示している。また実際の分析では因果関係の推定、つまり回帰分析が行われる。

　このように図14‑1に示されたモデルは、因子分析と回帰分析を同時に行うものということができる。なお実際のモデルには、このほかに「誤差変数」というものが組み込まれるが、本章では簡略化のために省略してある。

❖ 共分散構造分析のステップ

　図14‑2は、共分散構造分析の一般的な流れを示したものである。共分散構造分析は仮説に基づきモデルを構築することから始まる。モデルを構築できたら、実際にデータを用いて分析を行うことになる。共分散構造分析では、これをパラメーター（母数）の推定という。パラメーターの推定には、最尤法という方法が用いられることが多い。

　パラメーターの推定（データを用いた分析）に続き、モデルの評価を行うことになる。モデルの評価には全体的評価と部分的評価がある。

　全体的評価とは、そのモデル全体が、データにどのくらいフィット（適合）しているかということである。データというものが現実を示す情報だとしたら、仮説と

第14章

【図14 - 2　共分散構造分析のステップ】

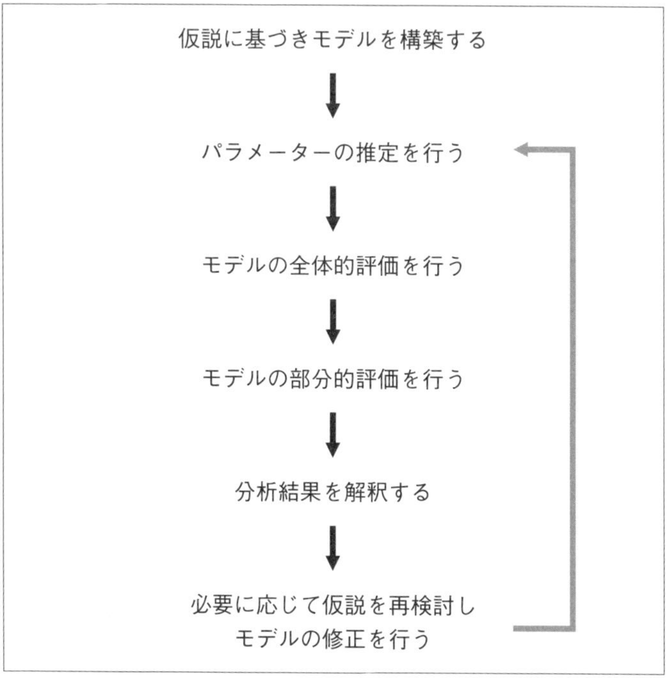

仮説に基づきモデルを構築する

↓

パラメーターの推定を行う

↓

モデルの全体的評価を行う

↓

モデルの部分的評価を行う

↓

分析結果を解釈する

↓

必要に応じて仮説を再検討し
モデルの修正を行う

筆者作成

して構築されたモデルは、そのデータにフィットしている必要がある。

　データ（現実）に対してモデル（仮説）がフィットしている程度は、適合度指標で示される。適合度指標にはさまざまなものがあるが、CFI、RMSEA、AICなどがよく用いられるようである。これら指標の解釈法にはさまざまな意見があるが、ひとつの目安としてCFIが0.95に近いかそれ以上であることや、RMSEAが0.1より小さいことなどがあげられる。またこのほかにもGFIやTLIといった指標が用いられることもある。この値の範囲内であれば、そのモデルはデータと大きく乖離していないと考えることができる。逆にこれらの値を満たしていなければ、そのモデルは現実を正しく示していない可能性が高い。この場合、分析者はモデルの改良を検討することになる。

　部分的評価とは、モデルを構成する各変数間の関係についての検討である。図14 - 1であれば7つの矢印（パス）が統計的に有意な値を示しているか、その値はどの程度であるか、決定係数は十分に大きいか、などが検討される。モデルの部

分的評価を行うことで、モデル全体のどこに問題があるかを検討することが可能となる。

　最後に、このようにして得られた分析結果を解釈する。そして必要に応じて仮説を再検討し、モデルを修正したうえで、再度パラメーターの推定を行う。

3 共分散構造分析で何ができるのか

❖ 共分散構造分析でできること

　共分散構造分析では、測定方程式と構造方程式を自由に組み合わせることで、さまざまな分析が可能となる。

　図14‐3は、構造方程式の組み合わせから生まれる分析例を例示したものであ

【図14‐3　構造方程式の組み合わせから生まれるさまざまな分析】

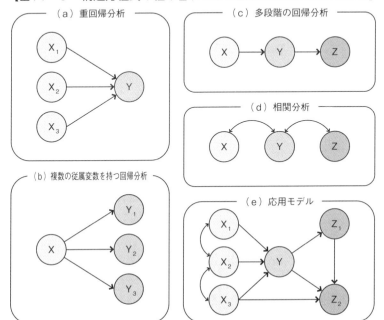

筆者作成

第14章

る。図に示したように、相関分析や回帰分析はもとより、これらを組み合わせてより複雑な分析モデルをつくることができる。またColumnに示したように、変数の組み合わせを工夫することで、双方向の因果関係を分析することもできる。

　図14-4は、測定方程式の組み合わせから生まれる分析例である。すでに述べたように、「観測変数←潜在変数」という関係を仮定すれば、いくつかの観測変数の背後に因子という共通する要因を仮定することになり、因子分析となる（リフレクティブ・モデル）。これに対して、矢印の方向を逆にすると、観測変数から合成変数を推定することになり、主成分分析と同様の考え方となる（フォーマティブ・

【図14-4　測定方程式の組み合わせから生まれるさまざまな分析】

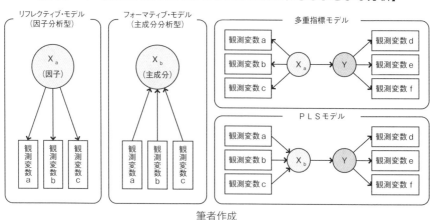

筆者作成

【図14-5　探索的因子分析と確認的因子分析】

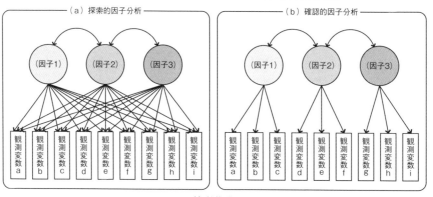

筆者作成

Column14 - 1

双方向因果分析

　あることが原因となり、何らかの結果が生じることを因果関係という。たとえ
ば、パッケージを刷新したら売り上げが増大した場合、「パッケージ変更→売上」
という因果関係が想定できる。しかし現実に生じる因果関係は、このように単純
なものばかりではない。

　たとえば、ある種のカテゴリーのブランドは東京とニューヨーク（NY）で同
時期に人気が高まることが多いとする。ネット上のクチコミやマスメディアの影
響であろう。しかしこの現象は、東京の人気がNYに影響したためであろうか、
それとも逆であろうか。影響の方向性がわかれば、マーケティング戦略にも参考
になる。

　こういった場合に役立つのが、双方向因果分析である。双方向因果分析には、
高次積率構造分析を用いる方法や、パネルデータを用いる方法がある。しかし前
者は、現在学者らが取り組んでいる最先端の手法であり、一般には未だあまり普
及していない。また後者は、同様の調査を、時間をずらして2回以上行う必要が
ある。

　これに対して、調査が1回でよく、しかも分析が比較的容易なのが、道具的変
数（操作変数ともいう）を用いる方法である。道具的変数は、焦点となっている
変数のうち1つの変数だけに直接影響を与え、他の変数には直接影響を与えない
変数のことである。

　図14 - 6は道具的変数を用いた双方向因果モデル（非逐次モデルともいう）
の例である。このようなモデルを構築し、推定をすることで、「東京→NY」の影
響力（β_1）と「東京←NY」の影響力（β_2）を同時に知ることができる。

　この方法の問題点は、適切な道具的変数を見つけることの難しさにある。焦点
となる変数の一方にだけ影響を与え、他の変数には影響を与えないという変数を
探すのは、意外に容易でない。上の例では、東京でのマーケティング活動の程度
はNYの人気には直接影響を及ぼさず、NYでのマーケティング活動の程度は東京
の人気に直接影響を及ぼさないという仮定のもとで、マーケティング活動を道具
的変数にしている。しかしこのような道具的変数を見つけられないと、残念なが
ら分析はできなくなる。

第14章

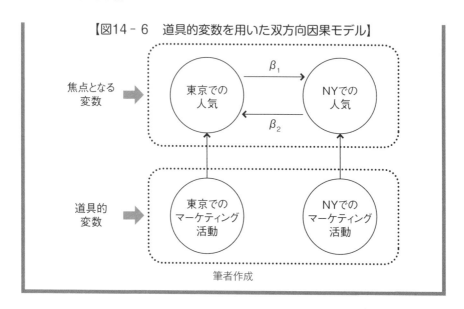

【図14-6　道具的変数を用いた双方向因果モデル】

焦点となる
変数 ➡

東京での
人気

β_1

NYでの
人気

β_2

道具的
変数 ➡

東京での
マーケティング
活動

NYでの
マーケティング
活動

筆者作成

モデル）。そしてこのような測定方程式の違いによって、多重指標モデルやPLSなどのバリエーションが生まれる。一般に、多重指標モデルは解釈が容易であり、PLSは予測に適しているといわれる。

　また共分散構造分析では、確認的因子分析を行うことができる。**Column12-2**（194頁）でも説明したように、因子分析には探索的因子分析と確認的因子分析がある。このうち第12章で説明した因子分析は探索的因子分析といわれるものであり、そこでは**図14-5(a)**に示したような関係を仮定して分析が行われる。これに対して確認的因子分析では、**図14-5(b)**のような関係を仮定して分析が行われる。探索的因子分析が、総あたり的な分析を行うことで、因子の構造をゼロから探っていくのに対して、確認的因子分析では、あらかじめ仮説として構築された因子構造に対して実際にデータをあてはめ、その妥当性を確認していくことになる。

❖ 共分散構造分析の事例

　マーケティングの基本は、顧客を満足させることだといわれる。顧客は満足することで、リピーターとなり、また周囲に肯定的なクチコミをするからである。すると「顧客満足」（CS: customer satisfaction）を適切に測定し、またその要因や影響を十分に把握することは、マーケティングにおける重要な課題となる。このよ

うな考えのもと、わが国では2009年に、JCSI（日本版顧客満足度指数:
Japanese Customer Satisfaction Index）が開発された。

　JCSIはサービス生産性協議会が、経済産業省からの委託を受けて開発したもの
である。「日本版」とあるように、これはミシガン大学で開発されたACSI（米国版
顧客満足度指数）を日本向けにローカライズしたものである。なおACSIはすでに
世界30ヶ国以上で、ローカライズされ導入されている。

　次頁の**図14‐7**はJCSIによる顧客満足モデルの分析結果である。図からわかる
ように、この顧客満足モデルは、21の観測変数と6つの構成概念から構成された
因果モデルである。

　それぞれの観測変数に相当するのが、**表14‐1**に示した質問項目である。今回
の分析は2009年に、これらの21項目を用い、27のサービス業種について行った
消費者アンケート調査に基づいている。

　まずモデル全体の適合度をみると、GFI＝.935、AGFI＝.916、RMSEA＝.061
と、いずれも満足できる値を示している。これは図14‐7に示したモデルが、調
査によって得られたデータに、よくあてはまっていることを意味している。

　つづいてモデルに組み込まれた因果関係を見ていくと、顧客の満足度を高めるこ
とが、リピーターを増やすためにも（ロイヤルティ）、良いうわさを広めるために
も（クチコミ）、重要であることがわかる。また顧客の満足度を高めるには、実際
に利用して感じた品質（知覚品質）と、価格に対する納得感（知覚価値）の双方が
重要であることもわかる。さらに「知覚価値」を高めるには「知覚品質」を高める
ことが有効であることがわかる。つまり同じお金を払うなら、より良い製品である
ほど、納得感が高まるというわけである。これらは一見するとあたりまえに思える
結論だが、モデルをじっくりと解釈することで、さらに深い知見を得ることができ
る。

　まず「知覚品質」の測定方程式部分に注目すると、このモデルにおける品質とい
うものが、企業が判断した品質ではなく、顧客が感じた品質として測定されている
ことがわかる。すると「顧客満足」を高めるのに重要なのは、あくまでも顧客自身
からみた品質であり、彼らにとってどの程度役立ったかどうかであるということが
判断できる。

第14章

　つぎに構造方程式部分に目を移すと、「顧客期待→顧客満足」という影響関係は
確認できていないのに対して、「顧客期待→知覚品質→顧客満足」という影響関係
は確認ができている。ここから「顧客期待」を高めるだけでは「顧客満足」は高ま

【図14－7 JCSIの分析結果（27業種）】

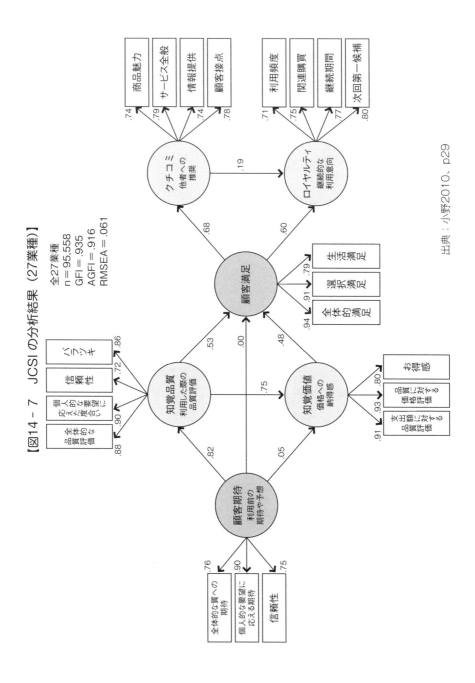

全27業種
n＝95,558
GFI＝.935
AGFI＝.916
RMSEA＝.061

商品魅力 .74
サービス全般 .79
情報提供 .74
顧客接点 .78

クチコミ
他者への
推奨

.19

ロイヤルティ
継続的な
利用意向

利用頻度 .71
関連購買 .75
継続期間 .77
次回第一候補 .80

.68

.60

顧客満足

.53

.00

.48

生活満足 .79
選択満足 .91
全体的満足 .94

知覚品質
利用した際の
品質評価

.75

知覚価値
価格への
納得感

バラツキ .86
信頼性 .72
個人的な要望に応えた度合い .90
全体的な品質評価 .88

お得感 .80
品質に対する価格評価 .93
支出額に対する品質評価 .91

.82

.05

顧客期待
利用前の
期待や予想

全体的な質への期待 .76
個人的な要望に応える期待 .90
信頼性 .75

出典：小野2010、p29

222

【表14‒1　JCSIの質問項目】

顧客期待	利用前の期待・予想
全体的な質への期待	○○○などのさまざまな点から見て、[企業名]の総合的な質にどれくらい期待していましたか
個人的な要望に応える期待	あなたの個人的な要望に [企業名] はどの程度応えてくれると思っていましたか
信頼性	○○○などさまざまな面からみて、不可欠なことがなかったり不十分なことが [企業名] で、どの程度起きると思っていましたか
知覚品質	**利用した際の品質評価**
全体的な品質評価	過去１年間にあなたが利用した経験から判断して、[企業名] はどの程度優れていると思いますか
個人的な要望に応えた度合い	[企業名] は、あなた自身の要望にどの程度応えていると思いますか
信頼性	○○○などの点から見て、不可欠なことがなかったり不十分なことが [企業名] でありましたか
バラツキ	過去１年の利用経験を振り返って [企業名] は、いつも問題なく安心して利用できましたか
知覚価値	**価格への納得感**
支出額に対する品質評価	あなたが [企業名] で支払った金額を考えた場合、○○○などの点からみた [企業名] の総合的な質をどのように評価しますか
品質に対する価格評価	[企業名] の総合的な質は、あなたが利用するために使った金額や手間ひまに見合っていましたか
お得感	他社と比べて [企業名] の方がお得感がありましたか
顧客満足	
全体的満足	過去１年間の利用経験を踏まえて、[企業名] にどの程度満足していますか
選択満足	過去１年を振り返って、[企業名] を選んだことは、あなたにとって良い選択でしたか
生活満足	[企業名] の利用は、あなたの生活を豊かにすることに、どの程度役立っていますか
クチコミ	**他者への推奨**
	あなたが [企業名] について人と話をする際、以下の点を好ましい話題としますか、それとも好ましくない話題として話そうと思いますか
商品魅力	・商品の魅力
サービス全般	・会社としてのサービス
情報提供	・適切な情報提供
顧客接点	・従業員・窓口対応
ロイヤルティ	**継続的な利用意向**
利用頻度	[企業名] を今までより頻繁に利用したい
関連購買	今後１年間で、これまでよりも幅広い目的で [企業名] を利用したい
継続期間	これからも、[企業名] を利用し続けたい
次回第一候補	次に使う時には、私は [企業名] を第一候補にすると思う

○○○には業界の質を表す代表的な観点が入る。

第14章

らない、しかし「顧客期待」が高いとその製品を高く評価しやすくなり、結果として「顧客満足」は高くなるという、複雑な関係が読み取れる。すると「やっぱり良かった」という気持ちを生み出すように、品質評価に結びつきやすいかたちの広告をすることが大切だという知見が得られる。逆に、よりよく見せようと現実以上に美化した場合、期待は高まるかもしれないが、顧客満足の向上には結びつきにくいと考えられる。したがって顧客を維持し、長期的に高い利益を得るには、実態に即していないような広告を行うべきではない。あるいは、それがイメージ広告であったとしても、「事実を語る」必要性がある。

　なお「顧客期待→顧客満足」という影響が、顧客満足に対する顧客期待の「直接効果」とよばれるのに対して、「顧客期待→知覚品質→顧客満足」という影響は「間接効果」とよばれる。またこの間接効果は、0.82×0.53＝0.43と計算できる。これに対して「顧客期待→知覚価値→顧客満足」の間接効果は、0.05×0.48＝0.02となる。

　そのほか、「クチコミ→ロイヤルティ」という影響関係も見逃せない。これは誰かに薦めることによって、自分もますます買い続けたくなるという、人の微妙な心理を映し出している。するとここから、企業は顧客に「気軽な推奨」ができるような環境を提供することが重要だという知見が得られる。自社ブランドの魅力を顧客に訴えるだけでなく、顧客がクチコミしやすいよう支援することも、マーケティング・コミュニケーションの重要な課題だというわけである。

　つづいて業種別の分析をみることにしよう。**図14-8**は、同じ指標を使って2010年に行われた調査データを用い、業種別に分析を行った結果である。このように複数の業種を比較することで、さらに興味深い知見を得ることができる。なお図14-8では、図が複雑になるのを避けるために、観測変数を省略してある。

　まず同じ小売業であるにもかかわらず、百貨店と通信販売では「知覚品質→顧客満足」と「知覚価値→顧客満足」の相対的な強さが異なっている。すなわち百貨店の場合は「顧客満足」に対して「知覚品質」がより強い影響を及ぼすのに対して、通信販売は「知覚価値」の影響の方が強い。この結果から、通信販売では百貨店以上に値ごろ感が重要だということを読み取ることができる。なお同様の傾向は、国際航空と国内交通（長距離）の間にもみることができる（なおこの調査における国内交通とは国内航空、新幹線、長距離バスなどである）。

　つぎに「クチコミ→ロイヤルティ」に注目すると、通信販売、百貨店、国際航空で強い関係がみられる。するとこれらの業種では、上述した「気軽な推奨」のでき

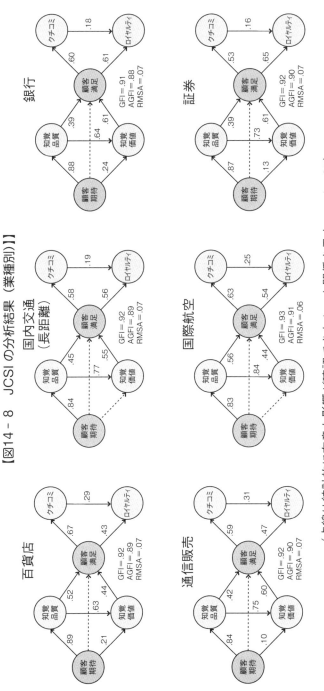

【図14-8　JCSIの分析結果（業種別）】

銀行

証券

国内交通
（長距離）

国際航空

百貨店

通信販売

（点線は統計的に有意な影響が確認できなかった関係を示す：p.≧.05）

出典：小野2010、p29を参考に筆者作成

第14章

【写真14 - 1　「宅急便」のヤマト運輸は宅配業界１位の顧客満足度を誇っている（2009年度JCSI調査）】

写真提供：ヤマト運輸株式会社

る環境が、より一層大切だということになる。

　また「顧客期待→知覚価値」は、多くの業種において影響が確認できていないにもかかわらず、銀行や百貨店では一定の強度を維持しているようである。これは、これらの業種では利用前の期待が高いほど、価格への納得感が得られやすいことを意味している。つまり、その価格が妥当なものかという判断が、実際の利用を通じて感じた品質だけでなく、それ以前の期待感からも影響を受けやすいというわけである。するとこれらの業種では、適切なブランド・マネジメントによって期待感を高めることによって、プレミアム価格が容認されやすくなることが推察される。

　なおこのように、同じ分析モデルを異なる母集団（今回は異なる業種の顧客）に適用し、その違いを比較することを、多母集団比較という。

4 共分散構造分析で気をつけること

　共分散構造分析は、極めて柔軟な分析手法である。なぜならそれは、自分自身の考えを反映したモデルをつくり、それを検証することができる手法だからである。しかし共分散構造分析がもつこのような自由度の高さは、分析者に問題意識と仮説を持つことを要求する。

　このことは、オーダーメイドの服をイメージすれば理解しやすい。店頭に並んだ

Column14 - 2

シンプルなモデル

　「オッカムの剃刀」というものがある。これは中世の哲学者であるオッカムの言葉に基づく考え方であり、「必要がないのに、多くのものを定めてはいけない」ということを意味している。つまり、少ない論理で説明ができるなら、より多くの論理を用いるべきでないということであり、余分な説明をそぎ落とすという意味で「剃刀」という比喩が用いられている。

　オッカムの剃刀は「パーシモニーの原理」といわれることもある。パーシモニーとは節約という意味である。パーシモニーの原理は、共分散構造分析を行うとき、常に意識すべきものである。なぜなら共分散構造分析は自由度の高い手法であるため、分析者はしばしば構成概念を増やしたり、新たなパスを加える誘惑にさらされるためである。

　モデルは複雑になるほど、解釈が難しくなるし、また矛盾を含む可能性も高くなる。したがって分析者は「本当にそれが必要なのか、それがなければ説明ができないのか」と自問する必要がある。しかし逆に、本当に必要なものを省いてしまっては意味がない。そこで分析者は、必要十分なモデルを目指して検討を繰り返すことになる。

　あるモデルがパーシモニーの原理に沿っているかは、思考によって判断するだけでなく、複数のモデルを比較するかたちで統計的にも判断することができる。

　たとえばPGFIやPCFIといった適合度指標は、GFIやCFIに倹約度という観点を加味してモデルを評価するものである。オリジナルモデルとパスを追加したモデルの双方についてPGFIやPCFIを求め、いずれの適合度が高いかを調べることで、そのパス追加が妥当であるかを判断することができる。

　もちろんモデルの修正は、このような指標だけに頼って、機械的に行われるべきでない。モデルを修正するには、論理的な根拠が求められるからである。たった1本のパスを引くにも（あるいは削除するにも）、「なぜそうなるのか」という説明が必要なのである。

　このようにして磨き抜かれたモデルは、シンプルかつ美しいものとなるであろう。

既製服から好みの一着を選ぶのと比べ、オーダーメイドは手間がかかる。生地選びから始まり、シルエットや細部のデザインの決定、さらに採寸、仮縫い、本縫いと

いった、いくつもの段階があるためである。またどのような生地やデザインにするか、自分の考えをはっきりさせておく必要もある。

　共分散構造分析も同じである。自由にモデルを構築できるということは、事前に明確な課題と、しっかりとした仮説が必要となる。問題意識とは「何を明らかにしたいのか」ということである。仮説とは、「どのような構成概念が、なぜ、どのように結びついているのか」についての考えである。問題意識が不明確であれば、適切な仮説は生まれないし、仮説がなければモデルをつくることができない。

　共分散構造分析に取り組むには、まず問題意識と仮説を、紙に書いてみることをすすめる。もしこれらが曖昧なかたちでしか書けないなら、分析に進むべきではない。あせらずもう一度、問題意識と仮説を整理すべきである。

　問題意識や仮説がなくても、「とりあえずやってみるべきだ」という人もいるであろう。しかし共分散構造分析は自由度が高いだけに、仮説がないと途方に暮れることになる。それは、描きたい絵がない人に真っ白な紙を渡しても、何も描けないのと似ている。共分散構造分析では、モデルづくりにおいて無限ともいえる組み合わせが可能であるため、事前に何をしたいのかをはっきりさせておく必要がある。

　モデルをつくる際に気をつけなくてはいけないのは、欲張りすぎないことである。せっかく分析をするのだからと、いろいろな考えを1つのモデルに押し込む人がいる。しかしモデルが複雑になると、2つの問題が発生する。第1はモデルの適合度が下がりやすいということである。つまり一生懸命モデルをつくり、苦労してデータを集めたにもかかわらず、モデル全体の妥当性が低いという評価が下されてしまう。第2は分析結果の解釈が困難になるということである。モデルに組み込まれた構成概念やパスの数が多くなるほど、分析結果の意味を読み取ることが難しくなる。Column14-2でも述べたように、よいモデルというものはシンプルなのである。

　分析を行う際に気をつけなくてはいけないのは、十分なサンプルサイズを確保することである。どの程度のサンプルサイズが必要かは、モデルの構造やデータの状態などによって異なってくる。たとえば図14-1のモデルであれば、n＝100程度のサンプルサイズでも、それなりの結果が出るかもしれない。しかし図14-7のモデルであれば、安定した推定結果を導くために、おそらくそれ以上のサンプルサイズが必要になるであろう。このようにモデルが複雑になるにつれ、ある程度大きなサンプルサイズが必要となる。

5 おわりに

　マーケターにとって、共分散構造分析はとても強力なツールである。オーダーメイド型の手法であるがゆえ、さまざまなことができるし応用も利く。しかしその反面で、ビギナーには若干ハードルが高く感じられるかもしれない。ここで重要となるのが、とにかく練習を繰り返すということである。

　本章を通じ、繰り返し述べているように、共分散構造分析は自由度の高い手法である。しかし自由度が高いということは、いろいろな工夫ができるということであり、さまざまなコツが存在するということでもある。こうしたコツを身につけるには、なるべく多くの参考書などを読むとともに、何度も分析に取り組むことが必要である。

　共分散構造分析の場合、最初から上手くいくことは少ない。しかしあきらめずに何度も練習をすることで、分析の技量は確実に高まっていく。このあたりまえの方法こそが、共分散構造分析を身につけるための近道なのである。

❓考えてみよう

1．図14 - 7および図14 - 8を参考にして、具体的なマーケティング戦略を考えてみよう。
2．大学生の外食頻度の違いを説明するモデルを考えてみよう。
3．SNSのコミュニティが盛り上がるか否かを説明するモデルを考えてみよう。

参考文献　——————————————————————●

小野譲司「JCSIによる顧客満足モデルの構築」『季刊マーケティングジャーナル』第117号、20-34頁、日本マーケティング協会、2010年。
狩野　裕・三浦麻子『グラフィカル多変量解析（増補版）』現代数学社、2003年。
豊田秀樹『共分散構造分析—入門編』朝倉書店、1998年。

第14章

次に読んで欲しい本　————————————————————●

小塩真司『研究事例で学ぶSPSSとAmosによる心理・調査データ解析（第３版）』東京書籍。

豊田秀樹『共分散構造分析―Amos編』東京図書、2007年。

豊田秀樹『共分散構造分析［R編］』東京図書、2014年。

第 **15** 章

質問票の作成

第1章
第2章
第3章
第4章
第5章
第6章
第7章
第8章
第9章
第10章
第11章
第12章
第13章
第14章
第15章

1　はじめに

　皆さんはこれまでにアンケートに回答をしたことはないだろうか。その時に、何か感じたことはなかっただろうか。「この質問は答えやすいなあ（答えにくいなあ）」「どうしてこんなことを聞いてくるのだろうか」など、アンケートの回答に関して何か感じなかっただろうか。あるいは「どうしてアンケートをするのだろうか」「僕（私）が回答した後、アンケートはどのように処理されているのだろうか」「この結果は誰がどのように活用しているのだろうか」といったアンケートの目的や進み方についても疑問を感じたことはないだろうか。

　アンケートはさまざまな機会に行われている。企業に目を向けると、自社商品の満足度を知りたいとき、新商品を開発したいとき、さらには消費者の生活行動を知りたいときにもアンケートが行われる。企業に限らず、大学でも授業や入試説明会などの折にアンケートが行われている。テレビのニュースを見ていて「内閣支持率が○○％に上がりました」と聞いたことはないだろうか。これもアンケートによる結果である。

　日本国内でもっとも大規模なアンケートといえば、5年ごとに行われる国勢調査である。この調査により国内人口や世帯の実態が明らかにされ、調査結果は国や地方公共団体など多様なところで活用されている。衆議院の小選挙区もこの調査結果により分けられている。このようにアンケートは私たちの生活にとってとても身近であり、かつ重要なものである。

　そこで、本章ではアンケートを作成していきたい。その際、これまでの章でさまざまなマーケティング分析手法を学んできたため、これらの知識を活かすことができるアンケートを作成していこう。分析手法を理解したうえで、アンケート調査を行うと、単純集計だけでなく、複雑な分析や考察が可能となる。

2　質問票調査で何ができるのか

　アンケートは、マーケティングや経営学の分野では質問票と呼ぶ。そのため、本章では「質問票」と表していく（学問分野によっては「質問紙」ということもあ

【写真15-1　質問票に回答している写真】

筆者撮影

る）。質問票を用いた調査（一般に「質問票調査」と呼ばれる）は定量調査と呼ばれる調査方法に該当する。一方、定性調査には面接法（インタビュー）などの調査方法がある。

　さて、この質問票調査では主に３つのことが可能となる。

①　同一の質問を、多数の回答者（サンプル、被験者）に、同時に尋ねることができる。

②　回答者は無記名で回答できるため、本音を聞き出しやすい。

③　得られたデータをマーケティング分析することにより、統計的に仮説を検証することができる。

　上記３点について、定性調査である面接（インタビュー）と比較しながら説明していこう。たとえば、大学のある授業で、先生が受講生の満足度を知りたいとする。その場合、先生が１人で数百人もの受講生に面接を行い、彼らの満足度を順番に尋ねていったら何時間もかかってしまう。面接を後回しにされた受講生は自分の順番を何時間も待たなければならないため、それだけで満足度が低くなってしまう。つまり、授業内容とは関係がないところで、受講生に負の満足を与えてしまうことにもなりかねない。一方、質問票調査では、多数の受講生に、同時に同じ質問を尋ねることができるため、こうした問題を克服することができる（①）。

　また、先生が行う面接では、たとえ受講生が不満を感じていたとしてもそれを正直に言わないだろう。なぜならば、不満を言うと成績評価に響くと考えたり、また

第15章

面と向かって不満は言いづらいからである。しかし、無記名式の質問票調査であれ
ば、どの受講生がどの回答をしたのかを先生はわからないため、不満を抱く学生は
本音で回答することができる。つまり、質問票は回答者が特定されたら困るような
内容（その多くが質問者にはマイナス評価の内容）を聞き出す際に特に有効となる
（②）。

　さらに、面接調査では会話の流れや会話の中で出てきたキーワードに目が向けら
れることが多い。そのため、回答者となる1人1人に対して彼らの懐に入り込んだ
会話を展開していく。つまり、少ないサンプルで密度の濃い会話を行うことが目標
となる。一方、質問票調査では選択肢の中から回答者が該当するものを選択する形
式（これをリッカート形式という）の質問が中心となる。そのため、質問者は臨機
応変な質問や個別対応ができないし、予想外の回答を得ることも難しいが、数多く
のサンプルを得られるため、たくさんの人の傾向を容易に掴むことが可能となる。
これまでに学んだ分析手法を用い、分析することにより、統計的に仮説を検証する
ことができる（③）。

3　質問票を作成する前に行うこと

❖ 調査の目的は何か

　それでは質問票はどのように作成していけばよいのだろうか。質問票を作成する
際には前段階（下準備）がとても重要である。調査全体のデザインがしっかり組み
立てられていれば、質問票調査は流れるように進んでいく。旅行に行く前にしっか
りとした準備をした方が、旅行がより充実したものになるのと同じである。

　まず、最初に明確にしておくことは調査の「目的は何か」であり、同時に「誰の
ための調査なのか」と「何を明らかにしたいのか」も考えていく必要がある。

　たとえば、ある企業が化粧品市場への参入を考えているとする。この場合、消費
者ニーズを探ることなのか、消費者の生活行動を探ることなのか、あるいは売れる
化粧品を探ることなのかなど、これから行う調査で何を目的とするのかを最初に明
確にしておかなければならない。これを明確にしないと、せっかく調査を行っても
ぼんやりとした結論だけで、明快な結論は得られない。

　その際、この調査は誰のためのものかもはっきりさせておくべきである。製品開発部が新製品を開発する際に役立つ情報を見出すものなのか、あるいはマーケティング部のためのものなのだろうか。誰のための調査なのかにより、おのずと質問票の内容は異なってくる。いずれにせよ、経営者を満足させる会議資料のためでないことはいうまでもない。

❖ 仮説は何か

　次に行うことは仮説の設定である。第3章（仮説検証）で述べたように、仮説は統計的検定により検証されることができ、質問票はその仮説検証のデータを収集するためのものとなる。よって、まず仮説を設定しなければならない。その際、同時にどのような統計手法を用いるかを念頭に置く必要がある（統計手法を理解した上で、質問票を作成していくのが本書の特徴である）。

　たとえば、化粧品に関して「しっとり感が高まると、顧客の満足度が高まる」という仮説は、回帰分析を想定したものである。そして、質問票ではしっとり感を感じる度合いと、満足の度合いに関する質問を用意する。また、「しっとり感の感じ方が20代と40代とでは異なる」という仮説は、t検定を想定している。そして、質問票ではしっとり感を感じる度合いを尋ね、20代回答者のデータと40代のものとを比較していく。

【写真15-2　ある女子大学生の化粧ポーチ】

筆者撮影

❖ 誰に対して行うか

　仮説を設定する際には、質問票の対象者を誰にするのかも考えていかなければならない。たとえば、女性用化粧品といっても年代によって求める化粧品は異なっている。この場合、年齢層を限定していく。「20代」と限定することもあれば、「20代前半」「20代前半の独身OL」「大学生」といったように、調査目的に合わせて調査対象者をさらに細かく限定していくことも必要である。そして、第4章（サンプリング）で学んだように、調査の対象者に偏りがあってはならない（無作為抽出法）。たとえば、〇〇大学の正門に立ち、そこに通う大学生に対して調査を行ったとする。これは〇〇大学の学生に関する調査であって、その結果を大学生一般のものとして用いることはできない（正確にいえば、このサンプルは〇〇大学を代表するものではなく、「〇〇大学の正門を何時に通った人」である）。

　そして、「顧客」といっても3種の顧客が存在することにも注意が必要である。その商品・サービスを実際に使用する顧客、購買の意思決定をする顧客、金銭を支払う顧客の3種である。商品・サービスの特性や機会によりこれらが同一人物のこともあれば、3人に分かれることもあるため、自社の商品・サービスにはどのような顧客がいるのかを考え、そのうちの誰に対して調査を行っていくのかを決めなければならない。

　これらの問題をクリアにしたのち、またこれらを意識しながら質問票の作成に取りかかっていかなければならない。

4　質問票の回答形式

❖ リッカート形式（法、尺度）

　皆さんがこれまでに回答した質問票では、質問文に続き、1から5の数字が付いており、該当する数字に〇を付ける形式のものではなかっただろうか。これはリッカート形式（法、尺度）と呼ばれるものである。尺度は4段階、5段階、7段階に分かれていることが一般的である（図15-1）。たとえば、満足度を尋ねる場合、

【図15-1　リッカート形式（法、尺度）】

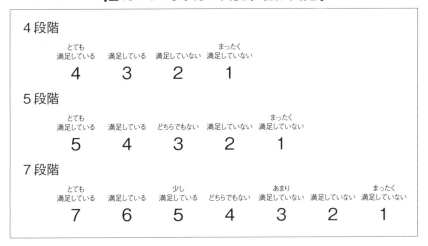

4段階ならば、4：とても満足している、3：満足している、2：満足していない、1：まったく満足していない、となる。5段階ならば、5：とても満足している、4：満足している、3：どちらでもない、2：満足していない、1：まったく満足していない、となり、「どちらでもない」が加わる。この方が5つの選択肢をとることができるため、回答に幅が出るというメリットがある反面、3：「どちらでもない」に回答が集中してしまうデメリットもある。

　7段階の場合、7：とても満足している、6：満足している、5：少し満足している、4：どちらでもない、3：あまり満足していない、2：満足していない、1：まったく満足していない、となるため、それぞれの差がわかりづらくなる。回答者にとって自分の満足度が、6：満足している、5：少し満足している、のどちらなのかは判断が難しい。回答者は混乱に陥ると、回答を止めてしまう傾向にあるため、この7段階尺度は望ましくない場合が多い。

　なお、1：とても満足している、2：満足している、3：満足していない、4：まったく満足していない、といったように1から4の数字を逆に付けることもできるが、回答した数値を点数化することもあるため、「とても満足している」を4にした方がExcelに入力後、統計ソフトで分析をする際には便利である。

　統計分析を目的とした質問票では、このリッカート形式（法、尺度）による質問が中心となる。

第15章

❖ 単一回答・複数回答・順位回答

「あなたは次（**図15 - 2**）のコンビニ・チェーンのうち、もっとも頻繁に行くところはどこですか。該当するもの１つだけに○を付けてください」のように、複数ある選択肢の中から、回答者が１つだけを回答する形式を単一回答という。

そして、「あなたは次（**図15 - 2**）のコンビニ・チェーンのうち、知っているものすべてに○を付けてください」のように、複数ある選択肢の中から、回答者が個数を限定せずにいくつでも回答できる形式を複数回答という。

【図15 - 2　コンビニについて】

セイコーマート	（　　）	New Days	（　　）
セブン-イレブン	（　　）	デイリーヤマザキ	（　　）
ファミリーマート	（　　）	ポプラ	（　　）
ミニストップ	（　　）	ローソン	（　　）

さらに、「あなたは上（図15 - 2）のコンビニ・チェーンにおいて、頻繁に行く順に、１から８までの番号を順番に付けてください」のように、複数ある選択肢に、回答者が順番を付ける形式を順位回答という。この場合、１番から３番までくらいは回答しやすいが、４番目以降は回答しづらいため、回答が適当になってしまう危険性がある。また、回答者が８つすべてのチェーンを知っているとは限らない恐れも伴う。

❖ 点数・比率での回答

「あなたは上（図15 - 2）のコンビニ・チェーンにおいて、それぞれ、どれくらい好きでしょうか。もっとも好きな場合を100とし、０から100までの数値を記入してください」のように、回答者が好きな度合いをチェーンごとに点数で回答する形式がある。

また、「あなたは上（図15 - 2）のコンビニ・チェーンにおいて、それぞれ、どれくらい好きでしょうか。全体で100となるように、８つのチェーンを０から

100までの数値に分けて、それぞれ記入してください」の質問もある。この場合、8つの回答を足したものが100となるように計算しなければならないため（100を好きな度合いで8つに分けなければならないため）、回答者が混乱に陥る可能性はきわめて高くなる。そのため、回答欄を3つか4つ（したがってコンビニ・チェーンの名前を3つか4つ）に限定して、回答者が計算しやすくなるよう配慮した方が望ましい。

❖ 自由回答

　これまでの回答形式は数値でデータを得ることができる。そのため、データの入力・処理や統計分析の際にはとても有効であり、仮説検証には非常に役に立つ。その一方で、質問者にとって予想外の回答を得ることは難しい。そこで、質問票の最後に自由回答の質問を付け加えることが多い。たとえば「あなたがコンビニに望むものは何ですか。自由に回答してください」のような質問である。質問者が気づかないような貴重な回答を得ることもある。

5 質問票の作成実践

　それでは実際に質問票を作成していこう。具体的な質問票が**図15－3**に示されているのでそれと照らし合わせながら解説する。
　調査目的は、［1］マクドナルドに対する利用者の満足度と、［2］マクドナルドの何に対する評価が高ければ満足度が高まっていくのか（満足度形成要因）を明らかにすること、の2つとする。そのためには、［1］に関してまず満足度を尋ねなければならない。それから、［2］では、「……が高まれば、満足度が高まる」という仮説を考え、回帰分析を想定した質問項目を設定していく。
　質問①では、冒頭で、回答者にとってのマクドナルドの店舗を特定化している。その方が、回答者がイメージしやすいからである。具体的な「ハンバーガーの味が美味しい」から「店内が清潔だ」まで10個の質問項目があり、これらが重回帰分析では説明変数となる。質問は商品に関するもの、店員のサービス、価格、店舗に関するものが考慮されている。そして、「強くそう思う」から「まったく思わない」までの5段階のリッカート形式をとっている。

【図15-3　マクドナルドの満足度に関する質問票】

以下の質問票はマクドナルドに関するものです。

① あなたが普段最も頻繁に訪れるマクドナルドの店舗か、あるいは、あなたが前回訪れたマクドナルドの店舗のうち、どちらか1つを思い浮かべ、その店舗について回答してください。

なお、下記のそれぞれの質問項目では、1から5の数字のうち、該当するもの1つだけに○を付けてください。

	強くそう思う	そう思う	どちらでもない	思わない	まったく思わない
ハンバーガーの味が美味しい	5	4	3	2	1
デザートが美味しい	5	4	3	2	1
メニューが豊富だ	5	4	3	2	1
商品が健康に良い	5	4	3	2	1
商品の量が適切だ	5	4	3	2	1
店員の対応が良い	5	4	3	2	1
価格が適切だ	5	4	3	2	1
いつも席がとれる	5	4	3	2	1
テーブルや座席が快適だ	5	4	3	2	1
店内が清潔だ	5	4	3	2	1

＊マクドナルドの店舗を一度も利用したことがない方は、下の空欄に「×」を記入してください。　　　　　　　　　　　　　　　　　　［　　　　　］

② 次に、マクドナルドへの評価に関する質問です。
あなたは、マクドナルドにどれくらい満足していますか？

とても満足している	満足している	どちらでもない	満足していない	まったく満足していない
5	4	3	2	1

あなたがマクドナルドに成績をつけるとしたら、何点でしょうか？
100点満点で0から100までの点数を下の空欄につけてください。
　　　　　　　　　　　　　　　　　　　　　　　［　　　　　］点

それではモスバーガーはどうでしょうか？
同じように、100点満点で0から100までの点数を下の空欄につけてください。
　　　　　　　　　　　　　　　　　　　　　　　［　　　　　］点

ほかのファストフード・チェーンと比べて、マクドナルドをどう思いますか？

とても良い	良い	どちらでもない	悪い	とても悪い
5	4	3	2	1

③　あなたはマクドナルドにはどのくらいの頻度で行きますか？先週（19日（月）から25日（日）までの期間に）、あなたがマクドナルドに行った回数を数え、該当するもの1つを○で囲んでください。

0回	1回	2～3回	4～5回	6回以上

④　マクドナルドの「ここが良い」「ここが気に入っている」と思う点を自由に記入してください。

［　　　　　　　　　　　　　　　　　　　　　　　　　　　　　］

マクドナルドの「ここがちょっとなあ」「ここがもう少し…だったらなあ」と思う点を自由に記入してください。

［　　　　　　　　　　　　　　　　　　　　　　　　　　　　　］

⑤　最後に、あなた自身のことを教えてください。
　　あなたの性別について、どちらかを○で囲んでください。　　男性　　女性

　　あなたは家族と一緒に住んでいますか？それともひとり暮らしですか？該当するもの1つを○で囲んでください。
　　なお、寮などの方は「その他」を○で囲み、括弧の中にどのような形態かを記入してください。

家族と同居　　　ひとり暮らし　　　その他（　　　）

また、「価格が適切だ」という質問を加えているが、重回帰分析で説明変数に価格に関する項目があると、価格の影響が強く出てしまうことも多い。そのため、価格に関する質問は独立して尋ねることもある。

　質問②では、マクドナルドに対する満足度を3つの方法で尋ねている。まず、最初に「あなたは、マクドナルドにどれくらい満足していますか」という質問がある。このリッカート形式の質問は、総合的な満足度を測る質問として一般的である。次に、「あなたがマクドナルドに成績をつけるとしたら、何点でしょうか」という質問がある。ここでは、点数の絶対的な高さを問うことよりも、ライバル企業であるモスバーガーとの相対的な高さに目を向けていく方が意味がある。さらに、「ほか

Column15-1

合成変数

　質問票で満足度を尋ねる場合、「あなたは○○に満足していますか」という１問だけで尋ねることがある。この場合、回答者は○○に対する総合的な満足度を回答することになる。また、レストランに対する総合的な満足が「料理の味に対する満足」「サービスに対する満足」「価格に対する満足」といった３点から形成されている場合、それぞれ質問を行い、その回答得点を合計したもので満足度を表すこともある。たとえば、５段階のリッカート形式で質問し、商品の味：４、サービス：５、価格：３という回答を得られたとしたら、その３つを足した12（あるいは平均値の４）を満足度のデータとみなす。これが合成変数である。

　この例では単純に合計しているが、合成変数とはもともと各変数に重みを付けて合計したものをいう。「料理の味」「サービス」「価格」といった３変数は平均値や分散が異なっていることを考慮すると、重みを付けた方が望ましい。

　たとえば、患者満足を捉える際、総合的な患者満足を１問で尋ねることもあれば、医師や看護師などその医療機関で働くスタッフに関する満足と、医療機関の建物の快適さや交通の便利さなどの医療機関施設に関する満足とに分けて尋ね、合成変数として扱うこともできる。信頼も同様であり、「能力に対する期待としての信頼」と「意図に対する期待としての信頼」とに分け、合成変数とすることもできる。

　また、因子分析（第12章）と似た分析手法に主成分分析というものがある。もともとの変数（観測データ）に重みを付けてあらたに合成変数（主成分）を作り出すことがその分析の目的である。

　共分散構造分析において変数は観測変数と潜在変数とに分けられる。観測変数とは実際に観測できる変数のことである。これに対して、潜在変数とは実際には観測できない変数のことを指す。潜在変数は複数の変数で構成概念を形成するため、合成変数の考え方に近いが、この観測変数と潜在変数との間には因果関係が含まれる。

のファストフード・チェーンと比べて、マクドナルドをどう思いますか」という質問も考えられる。この場合、回答者の感覚を問うため、点数を問うのではなく、リッカート形式の方が望ましい。

　質問③では、回答者の利用頻度を尋ねている。この質問文は「利用頻度の高い方

が、満足度も高い」などの仮説を検証する際に用いられる。ここでは、期間を特定した。26日（月）に質問票調査を行うため、「先週（19日（月）から25日（日）までの期間に）」といった具合である。期間を特定することにより、回答者はその回数を数えやすくなる半面、先週だけ特別に回数が多かった（少なかった）など、回答者の消費行動を正確に表していないこともあり得る。また、回答欄は0回、1回、2〜3回、4〜5回、6回以上といった区分にした。0回、1回、2回……と1回ずつ順に示した方が良いが、1日朝昼晩と3回で1週間毎日行えば21回となるように、上限を示すことができないからである。

　質問④では、自由回答の質問をポジティブな評価とネガティブな評価とに分けて尋ねている。自由回答の質問は回答者が回答せずに空欄のままのことも多い。そのため、自由回答の質問を数多く尋ねると、限りがある質問用紙がそれで埋まってしまい、たいした情報が得られないこともあり得る。そのため、1問か、多くても2問に留めた方が賢明といえる。また自由回答の質問は、リッカート形式の質問や、数値を記入する質問の後に置いた方が良い。回答者には答えやすい質問に先に答えてもらい、リズムを付けてもらった方が自由回答に回答しやすいからである。

　質問⑤では、回答者自身のことを尋ねている。こうした質問項目を「属性項目」と呼ぶ。この質問票では性別と同居形態だけを尋ねている。属性項目に関する質問はついつい数が多くなってしまいがちだが、回答者のプライバシーを尋ねることともなるため、回答者が回答を嫌い、そこで回答を止めてしまうことにもなりかねない。そのため、最低限の質問に留める方が望ましい。ほかには、年齢や所得などが一般的であるが、どちらも注意が必要であり、次の第6節で説明していく。

　属性項目は質問票の最初に尋ねることも多いが、いきなり年齢や所得を尋ねられると回答者が気分を害してしまうこともあるため、属性項目を質問票の最後に尋ねる方が望ましい場合もある。属性項目に限らず、質問の順序には工夫がいる。回答者が容易に答えられる質問を最初に幾つか並べた方が、回答率が高まる。

　また、似た質問文を並べるときには回答者の混乱を招きやすい。そのため、回答者が間違えやすい部分や強調したい部分を、太字・下線・網掛けなどを用いて視覚的にわかりやすくする工夫も必要である。

第15章

6　質問票の作成で気をつけること

❖ 所得に関する質問、無料の商品に関する質問

　属性項目として回答者に所得や年齢に関する質問を尋ねることがあるが、回答者が「どうしてこんなことを答えなければならないのだろう」と思ってしまいがちなため、注意が必要である。質問する方は、せっかく調査するのだからたくさん尋ねておきたいと思うが、調査目的に立ち戻り、必要がなければ尋ねない方がよい。

　所得を尋ねる場合、回答された所得は実際より高くなる傾向にある。それは、回答者が見栄を張って実際より多めの所得を記入したり、そもそも所得が低い人は回答したがらないことも多いからである。

　具体的な所得や年齢を数値で回答してもらうのではなく、たとえば年収なら、1：100万円未満、2：100万円以上300万円未満、3：300万円以上500万円未満、4：500万円以上700万円未満、5：700万円以上、などの選択肢を用意し、回答に幅を持たせる単一回答形式をとった方が回答者は回答しやすい。

　また、企業が新商品を販売する前に、無料でサンプルを配布し、その使い勝手やデザインなどの満足度を質問票を用いて調査することは多い。その際、回答者は無料であることを前提とした回答を行っていく。そのため、回答者の評価は甘く、満足度も高くなる傾向にある。その調査データを鵜呑みにして、販売に踏み切ってもまったくその新商品が売れないことも多い。消費者は身銭を切った場合、評価が厳しくなるのである。

❖ 5分以内

　回答者が質問票に割いてくれる時間はどれくらいだろうか。回答時間が5分を超えると極端に回答率が低くなるという指摘がある。せっかく質問票の前半部分を丁寧に回答してくれても、後半部分が未回答となってしまえば、その回答は有効回答といえない。そのため、回答が5分を超えない分量にしなければならない。

　A4用紙を使うのであれば、4枚から6枚程度までに抑えたい。用紙いっぱいに

小さな文字を並べるのではなく、回答者が読みやすいよう、ある程度大きな文字で、隙間を確保する配慮も必要である。文章はごく平易なものにし、誰が読んでも理解できる文章にする。長いセンテンスや専門用語の使用は避けるべきである。

　質問票を作り終えたら、大規模な調査を行う前に、プリテストを行うとよい。プリテストとは、事前に少人数の回答者に回答してもらうことである。回答の結果を見て、偏りがないかどうかを確認することが大事である。また、回答者に理解が難しかった質問文や、回答が難しかった個所も併せて聞いておくとよい。自分ではわかりやすいと思っていても、回答者の立場に立つと、わかりづらいことも多々あるからである。

❖ カバーレター

　調査を行う際には、回答者にその調査の目的を示す必要がある。大学の授業などで調査を行う場合、質問者が口頭で調査目的を示すこともできるが、郵送で調査を行う場合、カバーレターを添付する必要がある。

　カバーレターには調査目的、データの扱い方、回答期間（期限）を明記していく。

【表15‐1　カバーレター】

　私たちマーケティング分析研究会では、消費者のハンバーガー業界に対する満足度を研究しており、今回、マクドナルドに関するアンケートを行うこととなりました。

　お手数ですが、本調査にご協力いただきたく存じます。アンケート用紙の質問項目にすべてお答えください。ご記入後、同封の封筒にアンケート用紙を入れ、7月31日までにご投函いただければ幸いです。

　今回、ご回答いただいた内容につきましては取り扱いに十分注意を払い、調査の分析材料として統計処理を施した形でのみ用います。それ以外には一切使用いたしません。

　なお、本調査の内容に関してご不明な点等がございましたら、下記連絡先までお問い合わせいただきますよう、宜しくお願い申し上げます。

マーケティング分析研究会（担当：○○）
Tel：03（1234）5678
E-mail：abc@defg

Column15 - 2

尺度の信頼性と妥当性

　質問票調査などの定量調査では統計分析する際に、尺度がとても重要となる。尺度がでたらめだと、それ以外の調査デザインがいかに優れていても意味がない。そこで、尺度を測定する際に注意する「信頼性」と「妥当性」といった2点について説明する。

　ある質問を5段階のリッカート形式で尋ね、それに対して100人からの回答を得たとする。この100個のデータは信頼できるものなのだろうか。データの信頼性を数値で表したものを信頼性係数と呼び（文字 ρ（ロー）を使って表す）、0から1まで数値をとる（1に近いほど信頼性は高い）。

　たとえば、Aさんの回答が「4」だった場合、次に同じ質問した時にもAさんは同じように「4」を回答してくれるのだろうか。また、類似した質問を尋ねた場合、同じような回答をしてくれるのだろうか。これらのどちらの場合（2度同じ質問をして安定性を測る場合と類似した質問をして一貫性を測る場合）においても、信頼性係数は2つの相関係数となる。

　これらは回答者に2回質問を行っているが、1回で信頼性を求める方法はないだろうか。100個のデータを50個ずつ2組に分け、2組にどれだけの違いがあるのかを見ることもできる。この場合、信頼性係数は2組の相関係数となる（スピアマン・ブラウンの公式）。

　この場合、100個のデータをどのように2組に分けるかによって、相関係数は異なってくる。そこで、2組に分けるすべての分け方で信頼性係数を出し、その平均をとれば、この疑問は解消される。この平均の数値はクロンバックの α 係数と呼ばれる。この数値はいくつ以上なければならないといったはっきりとした基準はないが、0.8を超えれば高い信頼性といえよう。

　次に、妥当性に関していえばいくつかの種類があるため、代表的な3つを紹介したい。

　まず内容的妥当性が挙げられる。たとえば、レストランのサービスに対する満足度を測定したいとする。この時、質問票では、店員の笑顔やきびきびとした対応に関する質問が考えられるが、テーブルや椅子の快適さに関する質問は適しているだろうか。このように、質問文が測定したい事柄に含まれるのかどうかを考えることが、内的妥当性の問題である。

　また構成概念妥当性もある。レストランに対する総合的な満足が「料理の味に対する満足」「サービスに対する満足」「価格に対する満足」といった3点から形

成されていると考える。その場合、「料理の味」「サービス」「価格」といった3つの因子で、本当に総合的な満足度が測定できるのだろうか。これを考えることが構成概念妥当性の問題である。

　もう1つ、基準関連妥当性を紹介する。自分が作成した質問票が、関連する既に作成された質問票（妥当性が十分に検討されたものでなければならない）と比較し、相関があるかどうかを確かめることがある。これが基準関連妥当性の問題である。

具体的には**表15−1**のようになる。なお、カバーレターには「調査票」ではなく「アンケート」と記述した方がわかりやすい。

❖ 配布と回収

　質問票調査を行う場合、サンプルサイズを考えなければならない。データを男性・女性で分けたり、年齢によって分けて比較を行っていきたい場合には、それぞれ細分化されたデータ数が少なくなってしまうと、分析の信憑性が低くなってしまうので、調査デザインを考慮して、回収したいサンプル数を決めなければならない。

　例えば、1,000個のサンプルを集めたいとする。大学の授業であれば、その場で質問票を回収することができるため、回収率はほぼ100%となる。無効回答率を5%ほどと予測すると、1,050人ほどの回答者を用意すればよい。しかし、郵送で調査を行う場合、回収率は30%前後のことが多く、場合によっては10%に満たないこともある。回収率を30%、無効回答率を5%と予測すると、1,000個のサンプルを集めるには3,500人に質問票を配布しなければならない。大量の対象者に郵送で質問票を配布した場合、郵送代がかかってしまうため、調査予算も含めて考えていきたい。

　また、郵送での回収率を高めるには、質問票配布の時期と回答期間も考慮しなければならない。たとえば、企業の経営者を調査対象とする場合、決算期など経営者が多忙な時期とずらして質問票を配布したい。また、カバーレターで示す回答期間は、長すぎても短すぎても回収率が低下してしまう。質問票が回答者のもとに届いて2週間程度の回答期間を確保できるよう設定するのが望ましいと言えよう。

第15章

247

7　おわりに

　質問票調査により仮説検証の分析を行った際の結果はわかりやすいものが望ましい。分析結果の内容を吟味し、仮説が検証された部分だけでなく、検証できなかった部分にも目を向ける必要がある。検証された部分に関していえば、これまで仮説として考えていたことがデータで検証することができればその調査に価値はある。反対に、検証できなかった部分に関しては、自分たちの認識が間違っていたのか、それとも調査のデザインが間違っていたのかなどを考察していく必要がある。検証できなかった部分が、次のマーケティング戦略に大きなヒントとなることも多い。どちらにおいても、質問票調査は企業の意思決定に役立つものでなければならない（本章では言及しなかったが、卒業研究などの学術研究においても、質問票調査はとても役に立つ。この場合、リサーチ・クエスチョン（研究仮説）を検証するために質問票調査が用いられる）。

　質問票でのデータは1次データ（第4章Column4‐1（55ページ）参照）に該当する。自分で調査票を作成し、入手したデータであるため、利用がしやすい。また、面接調査と比べて、数多くのデータを一度に収集したい時に有効である。しかし、質問票調査だけが調査のすべてではないため、2次データを用いた分析や、面接調査など他の調査と併せて、調査を行っていき、企業の意思決定につなげていく必要がある。そのためには、もちろん質問票調査で得たデータを単純集計し、グラフを用いて視覚的に表していく工夫も必要である。

?考えてみよう

1．質問票調査を行う際に、注意すべきことをまとめよう。
2．図15‐3を参考にして自分で質問票を作成してみよう。調査目的は、○○大学（あなたが通う大学）に対する学生の満足度の測定と、その満足度形成要因を明らかにすることとする。
3．2.で友達が作った質問票に回答してみよう。そして、理解が難しかった質問文や、回答が難しかった個所を指摘し合おう。

次に読んで欲しい本 ───────────────────●

小塩真司・西口利文編『質問紙調査の手順』ナカニシヤ出版、2007年。

酒井　隆『アンケート調査の進め方』（第2版）日本経済新聞出版、2012年。

石村友二郎・加藤千恵子・劉　晨・石村貞夫『Excelでやさしく学ぶアンケート調査の統計処理』東京図書、2019年。

第15章

索　引

■編著者略歴

恩藏　直人（おんぞう　なおと）

1959年神奈川県秦野市生まれ。

早稲田大学商学部を卒業の後、同大学大学院商学研究科へ進学。

早稲田大学商学部専任講師、同助教授を経て、現在、同大学商学学術院教授。

専門はマーケティング戦略

主な著書に『コモディティ化市場のマーケティング論理』（有斐閣、2007年）、『コトラー、アームストロング、恩藏のマーケティング原理』（丸善、2014年）、『マーケティングに強くなる』（ちくま新書、2017年）、『日経文庫マーケティング（第2版）』（日本経済新聞出版本部、2019年）など。

冨田　健司（とみた　けんじ）

1970年愛知県稲沢市生まれ。

一橋大学商学部卒業後、東海銀行に入行。一橋大学大学院商学研究科修士課程修了後、早稲田大学大学院商学研究科博士後期課程単位取得。

静岡大学人文学部経済学科助教授を経て、現在、同志社大学商学部教授。

専門はマーケティング戦略

主な著書に『知識マーケティング』（中央経済社、2015年）、『創薬ベンチャーに学ぶプロモーション戦略』（中央経済社、2021年）など。

執筆者紹介 (担当章順)

恩藏　直人 (おんぞう　なおと)……………………………………………序　文
早稲田大学　商学学術院　教授

黒岩健一郎 (くろいわ　けんいちろう)………………………………第1章
青山学院大学大学院　国際マネジメント研究科　教授

竹村　正明 (たけむら　まさあき)…………………………………………第2章
明治大学　商学部　教授

秋本　昌士 (あきもと　まさし)……………………………………………第3章
愛知学院大学　商学部　教授

西川　英彦 (にしかわ　ひでひこ)…………………………………………第4章
法政大学　経営学部　教授

吉田　満梨 (よしだ　まり)…………………………………………………第5章
神戸大学大学院　経営学研究科　准教授

鈴木　拓也 (すずき　たくや)………………………………………………第6章
創価大学　経営学部　教授

木村　　浩 (きむら　ひろし)………………………………………………第7章
立正大学　経営学部　教授

石井　裕明 (いしい　ひろあき)……………………………………………第8章
早稲田大学　商学学術院　准教授

石田　大典 (いしだ　だいすけ)……………………………………………第9章
同志社大学　商学部　准教授

小山　太郎 (こやま　たろう)………………………………………………第10章
中部大学　人間力創成教育院　講師

福田　康典 (ふくた　やすのり)……………………………………………第11章
明治大学　商学部　教授

須永　　努 (すなが　つとむ)………………………………………………第12章
早稲田大学　商学学術院　教授

橋田洋一郎 (はしだ　よういちろう)………………………………………第13章
専修大学　経営学部　教授

久保田進彦 (くぼた　ゆきひこ)……………………………………………第14章
青山学院大学　経営学部　教授

冨田　健司 (とみた　けんじ)………………………………………………第15章
同志社大学　商学部　教授

1からのマーケティング分析 （第2版）

2011年 3 月20日	第 1 版第 1 刷発行
2021年 3 月30日	第 1 版第25刷発行
2022年 3 月30日	第 2 版第 1 刷発行
2024年 1 月25日	第 2 版第 7 刷発行

編著者　恩藏直人・冨田健司
発行者　石井淳蔵
発行所　㈱碩学舎

　〒101-0052 東京都千代田区神田小川町2-1 木村ビル 10F
　TEL 0120-778-079　FAX 03-5577-4624
　E-mail info@sekigakusha.com
　URL https://www.sekigakusha.com

発売元　㈱中央経済グループパブリッシング

　〒101-0051 東京都千代田区神田神保町1-35
　TEL 03-3293-3381　FAX 03-3291-4437

印　刷　東光整版印刷㈱
製　本　㈲井上製本所

Ⓒ 2022　Printed in Japan